JN409321

1500m

1500m

강돈묵 수필집

수필과비평사

■ 머리말

병신년丙申年 새해가 밝았다. 나 혼자만의 감정이지만 새롭다는 기분보다 뭔가 정리해야 한다는 조급함에 싸여 있다. 그동안 몸담았던 교직에서 떠나야 한다는 엄연한 현실 앞에 초연해지자고 다짐도 해보지만 마음처럼 쉽지 않다.

이런 때는 뭔가 일에 자신을 던지는 편이 낫지 싶어 그동안 저널에 발표한 글들을 모두 정리해 보았다. 2010년 말에 네 번째 수필집 ≪흔들리는 계절≫을 출간하고, 다섯 해 동안에 쓴 수필이 겨우 한 권으로 묶을 양밖에 되지 않는다. 참으로 태만한 삶이었다.

지난번 책을 출간하면서 앞으로는 통념의 벽을 깨는, 정답이 여러 개인 세상을 살고 싶다는 강한 의지를 표명한 바 있다. 하지만 다시 이 자리에 와서 보니 그게 그거다. 참으로 독자들에게 미안한 마음뿐이다. 좀 더 자신의 삶에 깊은 애정을 갖지 못하고 끌려온 삶임을 고백한다. 그리고 다시 한 번 더 내 자신을 사랑하겠노라고 다짐도 해 본다.

이번에 상재하는 수필집 ≪1500m≫는 백두옹이 살아오면서 읽어낸 세상살이이다. 나이가 들었는데도 내 시야는 언제나 침침하여 제대로 세상을 읽어내지 못하고 있다. 부끄러우면서도 내 자신이 안쓰럽다. 하지만, 이 원고의 곳간에 있는 글들을 꺼내지 않고 그대로 둔다면 포만감에서 나태해질 것 같아 채찍의 일환으로 한 권의 수필집으로 묶는다.

앞으로 더 이상은 게으름 피우지 말라고 꾸지람 주시길 소망한다. 독자 여러분들의 애정 어린 채찍이 있어야 이생에서 몇 권의 책은 더 내지 싶다. 좀 더 노력하는 삶을 꾸릴 것을 다짐하면서 매서운 질타를 기다린다.

이 책은 수필과비평사의 서정환 회장님의 특별한 배려로 출간되었다. 그 고마운 뜻을 가슴에 담고 더욱 좋은 글을 써서 보답해야겠다. 또 출간 업무를 도맡아 주신 유인실 주간님의 따뜻한 손길도 이 책에 담아본다.

2016년 1월 중순에

저자 강돈묵

■ 차례

2.

비를 받아들이자

3.
그리기 연습

4.
수필가들이여, 이젠 발칙하라

1. 겨울 이야기

별똥별 | 이 빠진 자리 | 갯바위에서 | 1500m
슬리퍼 | 다시 12월에는 | 폐선 | 들깻잎과 가죽 순
궤연 | 목각인형 | 겨울 이야기 | 목단꽃

별똥별

방파제에 고등어 떼가 붙었다고 야단이다. 오랜만에 따라 나선다. 제철만 만나면 고등어 낚시만큼 재미있는 게 없다. 물론 고수들이야 그게 무슨 낚시 축에나 드느냐며 얕잡아볼지 모르나 손맛만은 그만이다. 긴 시간 기다림 끝에 피아노 줄을 튕기며 끌려나오는 감성돔의 손맛을 최고로 치지만, 그것은 하늘의 별따기다. 어쩌다 재수가 좋아야 겨우 맛보는 즐거움이다. 하지만 고등어는 다르다. 떼로 몰려오면 바닷속이 온통 고등어다. 말 그대로 물 반, 고기 반이다. 이때에는 바닷물의 빛깔도 거무칙칙하게 우러난다.

고등어 낚시는 밤에 해야 제맛이다. 수면 가까이 회유하기에 굳이 낚싯줄을 길게 늘일 필요도 없다. 수심 이삼 미터로 하여 찌를 달고 거기에 선 라이트를 꽂으면 준비는 끝이 난다. 낚싯바늘에 홍개비를 꿰어 바닷물에 던지면 야광찌가 잠시 머물렀다가 이내 곤두박질친다. 미늘에 낀 고등어는 바로 내닫기에 야광 불빛이 물속을 가로질러 꽂힌다. 그 빛은 하늘을 가르고 떨어지는 별똥별과도 흡사하다.

고등어는 성질이 급한 물고기다. 앞으로 질주만이 있을 뿐이다. 뒤로 회전하는 경우는 거의 없고, 장애를 만나면 살짝 빗겨 앞으로 빠져나간다. 수면 근처에서 끌려가기 시작한 야광은 불이 붙은 화살처럼 꼬리를 흔들며 바다 밑으로 끌려간다. 몇이서 낚시를 하다 보면 별똥별이 무수히 쏟아지는 밤하늘을 바라보는 것 같은 착각에 빠지기도 한다.

더위가 채 가시기도 전에 차려진 저녁식사는 마당의 밀대방석이었다. 온 가족이 둘러앉아 식사를 하고 나면 아무도 방으로 들려 하지 않았다. 온 가족이 둘러앉아 이야기꽃을 피우면 여기저기서 부채로 모기를 쫓는 소리가 났다. 형은 슬며시 일어나 외양간에서 꼴을 한 아름 안아다가 모깃불을 놓았다. 투드득 소리를 내며 하얀 연기가 피어올라 온 집안으로 조금씩 스며들었다.

얼마나 지났을까. 하얀 연기가 꼴에서 나올 때만 보이고 퍼져나가는 것이 보이지 않게 된 것은. 비록 연기는 보이지 않았으나 피어오르고 있는 것은 분명했다. 밤이 우리를 덮고 더욱 깊은 추억으로 밀어 넣는 중이었다. 희끗희끗 하늘에 별이 내어나고 있었다. 조금씩 자라난 별이 은하를 수놓고 긴 띠를 이루면 할머니는 '견우와 직녀'의 이야기를 풀어 놓으셨다. 어디에서 왔는지 반딧불이 엿듣다가는 사라진다. 할머니의 이야기는 우리를 밀대방석에 드러눕게 하는 마력을 가지고 있었다.

하늘이 내려와 눈 속으로 들어왔다. 밤하늘은 푹신푹신한 비단결이었다. 그 짙은 비단결에서는 희미하게 빛을 발하는 별이 있었다. 그 별 무늬는 은하수처럼 보였다. 한참을 바라보고 있을 때에 저쪽 하늘에서 별똥별이 떨어졌다. 은하수에서 시작된 불빛은 순식간에 비단 폭을 가로질러 저만큼 달려가서 사라졌다. 참으로 빠르게 질주하다가는 없어졌다. 그 빛을 바라보면 가슴이 뛰었다. 저것을 떨어진 고개 너머에 가면 주울 수 있을까. 저 산 너머에 가면 반딧불처럼 풀숲에서 반짝이고 있을 것만 같았다. 별똥별이 떨어지는 밤에 설레는 가슴으로 하늘을 지켜보던 나는, 그곳에 가 보자고 곧잘 형을 조르곤 했다. 몇 차례 내게 '바보'라며 나무라던 형은 '별똥별'이란 별명을 붙여서 골려대었다. 하지만 나는 그게 그렇게 좋을 수가 없었다.

별똥별도 나처럼 성미가 급한가 보다. 하늘을 날아가니 세상 구경하며 천천히 가면 얼마나 좋을까마는, 느긋하게 가지 못하고 제 성미대로 질주하다가 무참히 산화하고 만다. 은하수에서 떨어져 나와 궤적도 없이 사라지는 별똥별. 어둠은 그 빛을 포용해 주지 않는다. 유성이 사라진 하늘에는 순진한 별들만이 옹기종기 모여 앉아 졸고 있다.

순리대로 움직이다가는 다른 이의 끄트머리도 따라잡지 못한다며 객기를 부리던 삶이었다. 그토록 가슴 태운 흔적은 어둠 속에 묻혀 버렸다. 아무리 용기를 내어 내달렸어도 지금 남은 것이 없다. 사라져간 시간 속에서 산화한 내 지난 세월이 이제는 흐느끼지도 않는다. 여기저기 기웃거리다 받은 상처만이 선명한 자국을 그리며 나를 되돌아보게 한다.

어린 날 떨어지는 별똥별을 줍겠다고 하자 형이 한 말이 생각난다. 그 말에 담긴 형의 의중을 이제야 알 것 같다. 진즉부터 급한 내 성미를 꿰뚫고 있었던 모양이다.

"에이, 이 별똥별아."

그토록 아름다워 가슴 설레며 살았는데, 이제는 별똥별을 볼 수가 없다. 분명 나이 탓이겠지.

고등어 낚시를 하고 오는데 언덕길이 칠흑이다. 숲에서 나온 반딧불이 밤하늘을 유영해 간다. 젊은 날엔 직선을 추구하던 별동별이었다면, 지금은 곡선으로 밤하늘을 나는 반딧불이다.

어림짐작으로 숲길을 빠져나오면서 하늘을 쳐다본다. 형을 다시 만난다면 지금도 그 별명을 불러 주려나. 아마도 까마득히 잊고 있을지도 모른다.

이 빠진 자리

사람마다 조금은 다르겠지만, 어린 시절 겪었던 일들 중에 등줄기로 식은땀이 흐르던 일은 역시 '이 빼기'일 것이다. 이를 뺀 기억은 커다란 바윗돌에 부딪쳤던 것만큼이나 큰 사건으로 내 기억의 한가운데에 남아 있다.

놀기에 바빴던 시절, 느닷없이 나타난 이의 흔들림은 예고 없는 한파처럼 차갑게 찾아왔다. 내가 처음 앞니가 흔들리는 것을 발견하고 걱정이 되어 말씀드렸을 때 아버지는 별스럽지 않게 손으로 점검하고 마셨다. 그 후로 아버지는 물꼬를 보듯 가끔 내 이를 점검하셨는데, 그 모습은 마치 이 해 박는 김씨 아저씨 같았다. 그리고는 별일 아니라는 듯이 표정 없이 아무

말씀도 없으셨다. 그러던 하루, 아버지는 봄을 맞아 가래로 봇도랑을 치듯 작업에 착수하셨다. 물론 형과 누나들도 내 주위에 둘러앉아 침을 꼴깍꼴깍 삼키며 바라봤다.

굵은 실로 흔들리는 앞니를 묶고 입을 벌리라고 강요하셨다. 순간 공포가 밀려왔는데 마치 비탈을 굴러 내리는 바윗돌이 내 몸 위로 덮칠 것 같은 무서움이었다. 아버지의 실 당기기는 바윗돌이 자꾸 굴러와 마침내 뼈마디가 납작하게 으스러지는 아픔 속에서 내가 비명을 질렀을 때 끝이 났다. 공포에 질려 눈물이 한 종지는 고여 있는 내 눈 앞에 아버지는 방금 뺀 이를 디밀으셨다. 흐르는 눈물을 손등으로 문지른 후에 바라본 이는 실 끝에 대롱대롱 매달려 있었다.

"이거 지붕 위로 던지렴."

울음 반 표정으로 받아들고 나오는데 시원한 바람이 가슴으로 파고들었다. 내 입에서 빠져나온 이가 신기했다. 조금 전에 느끼던 공포는 온데간데없고, 해냈다는 희열이 온몸을 휘감고 돌았다.

"까치야, 까치야. 네 이하고 내 이하고 바꾸자 하고 지붕 위로 던져라."

아버지가 시키신 대로 나는 소리를 지르고 난 후 지붕 위로 힘껏 던졌다. 그러자 그 이는 내게서 영원히 멀어져갔다.

그 후로 이가 흔들리는 일이 자주 일어났다. 앞니에서 시작한 이는 차례로 안쪽의 이로 옮겨가는 것이었다. 그때마다 나는 아버지 앞에서 사시나무처럼 떨었지만, 더러는 신기하게 쉽게 마무리되는 날도 있었다. 단 한번에 일이 끝날 때에는 입에 들었던 차돌맹이가 빠져나가는 기분이었다. 상큼하고 시원했다.

가장 힘들게 뺀 이는 송곳니였다. 송곳니는 아버지의 점검도 오래 지속되었다. 아버지가 송곳니를 빼 주시던 날의 기억은 지금도 생생하다. 다른 때와 다르게 실도 많이 준비하셨다. 아버지는 실을 내 이에 묶고 그 끄트머리를 문고리에 매달으셨다. 아버지의 동작을 바라보는 나는 벌써 사색이 되어 있었고, 형과 누나들도 숨을 죽이고 침을 삼켰다.

"눈 감고 가만히 있어야 한다."

내가 궁둥이에 힘을 주고 앉자마자 느닷없이 문이 활짝 열리며 내 입술에 물려 있던 실에 탄력이 느껴졌다. 그러나 아직도 이는 내 입 안에서 버티고 있었다. 문이 닫혔다가 다시 열리는 순간 커다란 바윗돌이 내 가슴으로 떨어지는 공포가 밀려왔다. 문이 여닫기를 하며 바윗돌이 여러 번 내 가슴을 친 다음에야 내 입에 물려 있던 공포가 고무줄처럼 튕겨져 나갔다. 그러면 지켜보고 있던 형제들이 먼저 박수를 보내며 좋아했다.

참으로 신기한 것은 아버지의 말씀대로 하면 까치가 한 달이 가기 전에 제 이를 내게 넘겨준다는 사실이었다. 휑하니 빠져나간 빈 자리에 까치의 이가 돋아났다. 이 일이 거듭되면서 나는 이를 빼는 공포는 새 이를 갖기 위한 몸부림이고, 반드시 다시 나온다는 신뢰감 속에서 이루어진 일임을 알게 되었다.

그렇게 신뢰하고 찰떡같이 믿고 있던 사실이 요즈음에 와서 무너지는 아픔을 맛본다. 빠진 이가 다시 돋아나질 않는다. 뺀 자리에는 반드시 새로운 이가 돋아난다고 믿고, 형제들까지 지켜보았던 것인데 이젠 그렇지 않다. 그 신뢰가 무너져서 요즈음은 빼면서 아예 인공으로 끼워 넣는다. 아버지처럼 김씨 아저씨를 찾아가서 싼값에 끼워 넣는 것도 아니고, 상당한 금액을 챙겨서 치과에 찾아가야 한다.

어찌 되었든 세상은 참 좋은 세상이라고 믿었다. 이가 부실하면 빼내버리고 제 이와 전혀 차이가 없는 새 이를 끼워 넣을 수 있는 세상이다. 그래서 언제나 이를 다 갖추고 열 형제 짝져서 둘러앉아 계를 하듯 살아갈 수 있는 세상이다. 하나도 빠진 곳이 없는 온전한 이를 갖추고, 우리 형제들은 우애를 키우며 살아왔다.

그러나 빠진 이가 다시 돋아나지도 않고 인위적으로도 끼워 넣을 수도 없어, 그 빈 공간만을 지켜봐야 하는 현실에 놓이고 말았다. 다시 채울 수 있다는 신뢰도 무너진 지금, 나는 실로 뽑아내던 날의 공포도 끌어낸다. 형제들이 수월하게 뽑히기를 기원하며 지켜보던 눈빛도 흘리지 않는다. 침을 꼴깍꼴깍 삼키며 걱정해 주던 형제들의 사랑도 잊지 않는다.

우리 형제들은 그렇게 둘러앉아 서로를 걱정해주며 살아왔다. 모두가 가정을 이루어 화목하게 둘러앉아 있을 때는 마치 질서 정연하게 이가 박힌 잇몸같이 보기에도 좋았다. 빠진 이는 다시 돋아날 것이고, 영구치가 소실되면 의치로도 때우면서 온전한 잇몸을 간직해 왔다. 그런데 이제 형제들이 하나 둘 빠져나간 자리에 휑하니 바람이 인다. 전에처럼 모여 앉아도 빈 자리가 너무 커서 못 본 척 돌아앉기에도 버겁다. 한 곳도 비어 있지 않고 청결하게 빛나던 잇몸이 군데군데 주저앉아 보기에도 을씨년스럽게 변해가고 있는 것이다.

전에는 빠진 이는 돋아나고 아니 나면 의치로 보충한다 했는데, 형제들이 빠져나간 자리는 어쩔 수가 없다. 저 헐렁한 빈 자리를 바라보고 있으려니 아버지의 모습이 자꾸 떠오른다. 두레상에 둘러앉아 밥 먹는 열 자식을 흐뭇하게 바라보시던 당신의 모습이 이 저녁 마냥 그립다.

갯바위에서

섬은 언제나 밀려오는 파도의 울음을 못 들은 체하였다. 그럴 만도 했다. 제 몸뚱이를 에워싸고 있는 바닷물들의 보챔에 정을 주었다가는 끝이 없을 것이었다. 하루에도 수십 차례에 걸쳐 칭얼거리는 그 꼬락서니를 바라보기에도 지겨웠을 테니까. 하지만 섬은 한번도 파도를 꾸짖어 내치지 않았다. 혼자 보채다가 제 풀에 겨워 스스로 물러나게 하였다. 섬은 언제나 자신을 둘러싸고 있는 물에 동요함 없이 제 모습을 지켜나갔다.

이곳에 온 지 벌써 스무 해하고도 몇 해가 지났다. 주민등록을 옮기면서 나는 이곳 섬사람이 되었다. 그러나 그것은 나의 소망일 뿐이었지, 이곳 사람들은 그렇게 인식하지 않았다. 어디까지나 밖에서 굴러온 사람일 뿐이었다. 이런 현상은 섬 지방에는 흔히 있는 것이기에 참을 수 있었다.

이사 와서 처음 내가 한 일은 앞으로 살아갈 곳에 대한 정보 획득이었다. 나에게 정보를 주는 사람도 없었다. 또 그런 것들을 알 수 있는 자료도 전혀 보이지 않았다. 스스로 터득하지 않으면 아니 되었다. 짬이 나면 길을 나섰다. 조급하지 않게 접하겠다는 각오로 모든 길을 걸어서 답파해 나갔다. 어느 정도 세월이 지나 지형이 내 손바닥에 들어있다고 생각될 무렵 섬이 보이기 시작했다. 그동안 살아온 삶과는 다른 이곳의 현상과 사람들의 사고 방향에 나의 것을 끌어다 붙이는 일에 전념했다. 섬과 동화하기 위해서는 무던히 노력해야 하고, 언젠가는 도달할 수 있을 것이라는 신념이 필요했다.

이러한 사고의 전환은 늘 화합과 동화에 대한 염원으로 나를 살게 했다. 눈을 그쪽으로 집중시키다보니 매사가 또 그렇게 보일 뿐이었다. 어느 하나 조화를 이루지 않은 것이 없었다. 모두가 한데 어울려서 호흡하고, 같이 생존하려 노력하지 않는 것이 없었다. 가장 신기한 것은 산을 보기 위해 산에 올라가도 바다까지 보여주는 곳이 섬이었다.

산에 오른다. 숨이 가빠 허덕이는 사람에게 골바람은 시원하게 다가와 볼을 어루만진다. 금시 지친 육신에 활력이 되살아나는 기분이다. 다시 한번 심호흡을 하고 일어선다. 시원하게 트인 다도해가 시야에 들어온다. 망망대해를 바라보니 그들이 정겹게 대화를 나누고 있다. 조그미한 섬들과 바다가 오순도순 이마를 맞대고 있다. 모두가 한 덩어리가 되어 화합한다. 산도 혼자만이 존재하지 않고 바다와 공존을 도모한다. 그들은 늘 그렇게 정겨웠다며 내게 다가왔다.

바위에 걸터앉아 있으면 저절로 '산바람 강바람'이란 동요가 흘러나왔다. 비록 강바람은 아니어도 산바람과 바닷바람이 한데 어우러져 섬 자락을 휘몰아가는 듯이 느껴진다. 한 폭의 수채화가 눈앞에 전개된다. 그들은 은은한 소리를 내며 다가왔다가는 서서히 멀어져간다. 바다에 떠 있는 작은 목선 하나가 나의 시선을 움켜잡는다. 이 배에서는 〈어부의 노래〉가 흘러나오기 때문이다.

바람 소리에 실려 온 것일까. 어딘가에서 들려오는 산새의 울음소리가 있다. 그리고 그 소리와 화합하는 갈매기 소리가 있다. 산새 소리가 맑은 소리를 내며 스치고 나면 먼 데서 갈매기의 소리가 달려와 함께 조화를 이룬다. 그렇게 잘 어울릴 수가 없다. 어느새 그 소리들은 의식 속에서 하나의 소리로 뭉쳐서 화음을 이룬다.

섬에서 살면서 참 좋은 화음을 자주 듣는다. 하루가 아니고 벌써 스무 해가 넘도록 그 소리를 들으며 살고 있다. 이토록 자연이 주는 화합의 소리를 들으며 살아도 느닷없이 혼자라는 생각을 떠올릴 때가 있다. 이제 소통이 되겠구나 싶어 가슴을 열고 이야기를 꺼내 놓았다가 이내 벽에 부딪혀 절망도 한다. 아직도 상대는 문이 견고하게 잠겨 있음에 놀란다. 다 열려 있다고 판단이 되어 한발을 디밀려 하면 그 문은 열린 게 아니라 굳게 닫혀 있다.

오늘도 나는 외로움에서 길을 나선다. 다시 열린 문을 찾아 나서는 것이다. 한참을 헤매다가 바닷가 갯바위에 홀로 앉는다. 역시 앞에서는 갈매기의 울음소리가 가깝게 들려오고, 먼데서 산새의 울음소리가 바람에 실려 온다. 더러 바닷바람이 찾아와 마음을 흔들기도 한다. 오늘은 파도가 유난히 높다. 하얀 포말이 일어난다. 그리고는 아우성을 치며 갯바위에 매달린다.

부서지는 파도에 시선을 준다. 끝없이 보채며 갯바위와 대화를 시도하나 그것은 파도의 일일 뿐. 이내 좌절하여 포말로 물러나고 만다. 다시 용기를 내어 다가서나 역시 갯바위에서 미끄러지고 만다. 매달리고 매달리며 파도가 온힘을 다하다가 손톱이 뒤집어져 하얗게 부서져도 갯바위의 가슴은 언제나 차갑다. 다시 옷깃을 여미고 다가서는 파도. 앞에 와서 절절하게 애원해도 끝내 무표정한 갯바위. 파도의 몸부림을 바라보다가는 나는 일어서고 만다. 더 이상 바라볼 수가 없다. 저리 무표정한데, 저리도 냉정한데 어찌겠는가. 나는 영원한 나그네가 된다.

나는 갯바위에서 미끄러지는 포말을 바라보는 날은 온몸에서 뜨거운 열이 솟는다. 그 증상이 심하면 며칠 드러눕기도 한다. 자신의 마음을 알아주지 않는 갯바위 앞에서 처절하게 부서져 드러눕고 마는 포말처럼 나도 그렇게 되고 만다.

갯바위는 감정의 골이 없다. 언제나 변하지 않는 모습으로 버티고 서 있다. 자신이 쌓아올린 아성을 굳건히 지키고만 있는 갯바위 앞에서 나는 언제나 부서지는 포말인 것이다. 아무리 산바람과 바닷바람이 호응하고, 산새와 바닷새가 함께 한 하늘을 비상한다 해도 갯바위의 마음이 굳어 있음을 어찌하랴.

그래도 갯바위에서 낚싯대를 담그고 앉아 있다. 언젠가 갯바위가 파도를 부드럽게 안아 들이는 모습을 바라보고 싶다. 영원히 그것을 바라볼 수 없다 해도 나는 낚싯대를 담글 것이다. 이미 이곳으로 주민등록을 옮겼으니, 그것은 나에게 부여된 끝없는 숙명이기 때문이다.

1500m

지금껏 거리를 유념하며 살아본 기억은 없다. 거리라는 개념은 나에게 아무런 의미도 되지 않았다. 그냥 내게 주어진 길을 가면 되었고, 당연히 해낼 것이라고 자신을 믿었다. 하물며 '1500m'라니 떠올려본 기억조차 없다.

이른 새벽, 침대에서 나와 바지를 끼다가 그만 나는 나뒹굴고 말았다. 바짓가랑이가 엉켜서 허리가 삐끗했는데 이상이 생긴 것이다. 느닷없는 이 사태는 나를 앉지도 서지도 눕지도 못하게 만들었다. 안방에서 아내가 잠옷 바람에 달려왔지만 별 도움이 되지 않았다. 그렇지만 이 일로 병원까지 갈 일은 아니라고 생각했다. 집에서 엉금엉금 기더라도 며칠 요양을 하면 괜찮겠지 했다. 그 기대는 무너지고 결국 병원으로 끌려오고야 말았다. 옆에서 바라보던 아내는 성화 끝에 나를 병원에 옮겨놓았다.

의사는 촬영한 엠알아이(MRI) 필름을 살펴보며 정도가 심하다는 말을 연거푸 하더니만 큰 수술이 될 것이라는 한마디 말로 나의 기를 꺾어버렸다. 그러면서 진통제 주사부터 내 몸에 찔러댔다. 전문병원에서 수술날짜를 잡기까지 지역병원에서 있었다. 병원을 옮겨 수술을 마칠 때까지 한 보름 병원신세를 졌다. 지금껏 살아오면서 예방접종마저도 마다해 온몸이 아니던가. 이렇게 하여 나의 허리디스크는 시작되었고 수술까지 마무리되었다.

병원을 나서면서 며칠간의 영어(囹圄)의 몸에서 탈출하게 되었다는 사실이 그렇게 좋을 수가 없었다. 병원의 약품 냄새도 싫었지만, 그보다 침대에 온전히 누워서 세월을 보내고 있다는 자체가 싫었다. 눈만 뜨면 움직여야 하는 몸뚱이를 끈으로 묶어놓은 것도 아닌데, 의지력 하나로 버텨야 하는 것도 고역이었다. 그런 생활을 마무리하고 나오는 그 순간부터 '1500m'는 나를 따라다녔다.

수속을 밟고 그들이 손에 쥐여 준 퇴원안내문을 들여다보는 순간, 나는 직업병이 도졌다. 왜 이렇게 큰 병원에서 내주는 안내문에 오자가 있을까. 우리의 국어 교육의 현실이 이렇다는 것인가. 한참을 오자에 묶여 안내문에서 틀린 글자를 찾던 내가 퇴원환자라는 현실로 돌아온 것은 이 '1500m'라는 일정한 거리 때문이었다. 이 거리가 나의 뇌리 속으로 아주 선명한 몸짓을 하며 달려들었다.

—부부생활은 1500m를 자유롭게 걸을 수 있을 때부터 시작하세요.

그 순간 이 1500m는 끝없이 나를 움켜쥐고 놓아주질 않았다. 1500m, 1500m, 1500m, 1500m, 1500m, 1500m, 1500m, 1500m, 1500m, 1500m, 1500m, 1500m……. 도대체 이 1500m의 의미는 뭘까. 1회 성생활에 필요한 에너지가 1500m를 걷는 것과 같다는 것일까. 만약 그렇다면 이 수치는 어떻게 산출하여 얻은 것일까. 성생활의 방법에 따라 필요한 에너지의 양은 얼마든지 다를 수 있고, 사람의 건강상태에 따라 천차만별일 텐데 어디에 근거한 수치일까. 지금 나는 1500m가 아니라 삼천 미터도 충분히 걸을 수 있을 것 같은데, 오늘 밤에 작업을 걸어도 된다는 말인가.

1500m. 그 거리는 어느 정도일까. 내 집 정원을 열다섯 바퀴 돌면 될까. 아니 넉넉하게 서른 바퀴 돌면 그 거리는 충분할 거야. 만약 거실 안에서 운동을 한다면 어떻게 그 거리를 산출

하면 될까. 거실의 이쪽과 저쪽을 잇는 대각선을 백오십 번을 왕래해야 하겠지.

또 '자유롭게'는 어떤 것을 의미할까. 가다 쉬다 하는 것처럼 자유로운 것은 없지 않은가. 아침밥 먹고 길을 나서 가다 쉬고 가다 쉬고 하며 한나절을 가도 된다는 말인가. 가장 과학적이어야 할 병원에서 내놓는 자료에 이렇게 애매모호한 수치를 내건다는 것은 무책임한 짓이라는 결론을 얻기까지 나는 사흘이 걸렸다.

어찌 되었든 나는 사흘을 1500m에 매어서 살았다. 그것은 단순히 성생활에 대한 기대 때문은 아니었다. 우리는 신뢰할 수 없는 정보 속에서 허덕이고 있다는 현실 때문이었다. 정확해야 할 곳에서도 두루뭉술한 정보로 우리를 혼란에 빠지게 하니, 그렇지 않은 곳에서 나오는 정보는 얼마나 열악하고 많은 오류가 있겠는가.

어찌 보면 많은 정보를 갖기 위해 사이버 공간으로 정보 여행을 떠나지만, 그게 더 애매한 결과를 초래하는 경우도 있을 것이다. 심심찮게 마녀사냥이나 하듯 쏟아내는 정보로 무수히 많은 피해자가 나오는 현실을 봐도 그렇다. 더러는 틀린 정보를 내 보내도 보랏빛거짓말 정도의 것은 애교로 봐 줄 수 있다. 하지만 다른 이에게 피해가 가는 정보는 삼가는 것이 인간된 도리라는 생각이 든다.

정원의 잔디밭에서 걷기 운동을 하며 저만치 가는 아내를 향해 나는 오늘도 한마디 한다.

"천사백구십구"

아내는 들은 척도 안 하고 더 빨리 가서 나와의 거리를 띄어놓는다. 한참 지난 후에 우리의 거리가 가까워지자 다시 용기를 내어 지금의 상태를 전달해 본다. 하지만 나는 더 철저하게 괄시를 받고 말았다.

"천오백 미터."

"웃겨."

슬리퍼

정년을 앞에 두고 연구실을 정리한다. 이 많은 책들은 남은 세월 소일할 장소를 마련했으니, 그곳으로 옮기면 그만이다. 그러나 그 일이 쉽게 손에 와 닿지를 않고, 멍하니 연구실 벽만 바라보고 있다. 물론 책이 적은 양이 아니어서 엄두도 나지 않는다는 점도 있지만, 그보다 삶의 앙금이 절어 있는 이 공간을 떠나야 한다는 것이 심통을 부리고 있는 것이다. 짐을 하나하나 챙기려 하니 많은 아쉬움이 남는다.

대학의 캠퍼스는 섬의 길게 나간 곶 위에 앉아 있어서 창문만 열면 태평양이 가슴으로 뛰어들곤 했다. 처음 이 연구실에 들었을 때에는 창문 앞이 산 숲정이였다. 그리고 그 곁으로 바다가 비집고 나를 찾아오는 곳에 내 연구실은 있었다. 머리를 식히려 창가에 서면 산바람이 몰려와 소나무 숲을 흔들고 지나갔다. 그러면 먼 데서 파도소리가 어깨동무하며 은은히 철석이었다. 언제나 산과 바다가 어울려 노래 부르는 곳이었다.

뿐만 아니라 이른 봄이면 연구실 앞 숲정이로 꿩이 내리는 적도 많았다. 수꿩은 내 창가에 와서 외로움에 떨고 있는 나를 부르는지, 제 짝을 부르는지 목청껏 연가를 부르기도 하였다. 녀석의 노랫소리는 나를 창 뒤에 숨는 고역을 요구했다. 한참을 숨어서 그의 장엄한 곡을 듣기도 하였다. 그러나 지금은 건물을 짓기 위해 그 숲정이를 날려 버려서 그럴 기회를 앗기고 말았다.

막상 연구실을 비우려 하니 온갖 상념이 다 떠오른다. 물끄러미 앉아 있는 내게 책상 밑의 슬리퍼가 들어온다. 참으로 많은 세월을 함께한 녀석이다. 구두점에서 맞춰온 것이다. 내가 전의 직장에서 근무할 때 구둣가게 주인이 찾아와 슬리퍼를 가죽으로 맞출 것을 권한 적이 있었다. 당시 맞춤구두의 반값으로 장만한 것인데, 그곳에서 십여 년을 사용하다가 이곳으로 가지고 와서 계속 신은 것이니 사십여 년이 되었다. 그러니까 내 직장생활에서 가장 오랜 기간 나와 함께 동고동락을 한 것이 이 슬리퍼다. 무덥던 여름날 차마 양말까지는 벗어던지지 못하고 참고 있던 내게 시원한 바람을 전달해 주며 충성을 다한 슬리퍼. 그 앞에서 나는 옹졸한 모습을 하고 앉아 있다.

그 긴 세월 속에서 나는 슬리퍼를 생각한다. 처음 새것이었을 때에는 먼지도 털어가며 아꼈던 것 같다. 윤기 나는 가죽의 표피에 구두약도 발라주며 소중히 다루었다. 날카로운 것에 닿아 생채기가 나지 않도록 각별히 주의했고, 어쩌다 조그마한 상처라도 생기면 밤잠을 설치며 안타까워했다. 그러다가 이곳으로 옮겨와서는 많이 잊고 지냈다. 업무에 시달리게 되자 마음 한번 주지 못했다. 구두약은커녕 솔질 한번 제대로 해 주지 못했다. 그래도 슬리퍼는 내 곁을 꿋꿋하게 지켜주었다. 그러니 그 긴 세월 동안에 얼마나 많은 상처를 받았을까. 그래도 내 곁에서 떠나지 않고 오늘껏 버티고 있으니, 참으로 고마운 녀석이다. 문득 안쓰러움이 인다.

그리 소중한 것이었으나, 나는 한 번도 그에 답례하지 못했다. 늘 무거운 내 육신을 짊어지고서도 한마디 불평도 없이 지저분한 곳을 오가며 내 발을 보호했는데도 나는 언제나 '너는 태어나면서 그런 일을 하게 되어 있었어. 당연한 네 임무야.' 하며 지금까지 무심하게 지냈던 것이다. 오히려 마음이 불편한 날은 슬리퍼로 콘크리트 바닥을 찍어가며 분을 삭이기도 했으니 그 가슴은 얼마나 멍이 들었을까. 슬리퍼가 볼 때에는 틀림없이 나는 못된 주인이었을 것이다. 이곳으로 와서는 무엇에 미쳤는지 흙먼지 한번 털어준 적이 없고, 마른 피부에 크림 한 방울 발라주지 않았으니, 매정함에 속이 타버린 슬리퍼는 온통 검은 숯덩이가 되었을 것이 뻔하다. 그런데도 내 곁에서 그 긴 세월을 함께했던 슬리퍼. 그동안 이 슬리퍼로 하여 즐거운 일은 얼마나 많았으며, 상한 기분은 얼마나 덜었을까.

연구실을 정리하며 나는 슬리퍼를 한참이나 바라보았다. 그리고 그 앞에서 많은 죄책감에 싸여 있다. 속 좁은 주인은 새 구두 신고 와서 벗지도 않고 강의실에 들어갔을 것이고, 나와서는 슬리퍼로 갈아 신지도 않아 기다리던 마음에 쓰라린 상처를 입혔을 것이다. 그 상처는 얼마나 깊었을까. 그런 것도 모르고 제 잘난 줄만 알고 버틴 세월이 부끄럽게 내 앞에 와서 있다.

책상 밑에 있는 슬리퍼를 끌어낸다. 그리고 그 위에 짙게 드리워진 먼지를 털어낸다. 먼지는 슬리퍼에서 날아올라 내 콧등으로 다가온다. 문득 고개를 젖히려다 멈추고 만다. 그래, 오늘만이라도 참아주어야겠다. 그것이 내가 할 수 있는 최소의 속죄의 길이라면.

생각 없이 쓰레기통에 넣으려던 슬리퍼를 보자기에 쌌다. 더 큰 실수를 할 뻔했다며 나는 그것을 소중히 다루었다. 집으로 가지고 온 슬리퍼. 다른 물선은 다 제쳐 두고 그것부터 소중히 꺼낸다. 그리고 현관 문턱에 걸터앉아 한참을 바라보며 추억에 잠긴다. 내 교직생활이 송두리째 고개를 들며 나타난다. 그렇다. 이 슬리퍼는 내 삶의 산 증인이다.

얼마의 시간이 흘렀을까. 슬리퍼에 난 상처도 헤쳐보고, 밑창의 닳음도 가늠하며, 깊은 상념에 젖어 있는데, 저편에 아내의 얼굴이 선연히 비춰온다. 흐릿한 내 시야를 헤집고 들어오는 선명한 동체. 그것은 분명 아내였다.

나는 더 이상 고개를 들지 못하였다.

다시 12월에는

금년 달력도 마지막 한 장만 남았다. 시간을 모눈종이처럼 쪼개어 빈틈없이 살리라던 다짐도 허공으로 날아갔고, 여느 해와 별반 다름없는 한 해가 되어버렸다. 금년은 다른 해와 다르게 내겐 커다란 의미로 다가왔지만, 지나고 보니 그게 그거다. 골짝에 잦아드는 저녁연기를 바라보며 마음을 잡아본다. 그래도 남은 한 달이 있지 않은가.

어찌 한 해를 보냈건 나머지 시간이라도 갈무리 잘하는 일상을 생각해 본다. 지난 시간에 너무 묶이지 말고, 그래도 지금 이 순간을 정월 초하룻날 아침처럼 나 자신을 출발선에 올려놓고 싶다. 나머지 한 달을 모눈종이처럼 쪼개어 쓰면 일

년으로도 살 수 있지 않을까. 한 달이란 기간은 세상을 바꾸어 놓기에 충분한 시간이다. 12월을 마무리하는 달이라기보다는 부족함을 채우고, 새로운 도전을 계획하는 기간이라고 인식하고 싶다. 지난 세월의 무능을 다시 이어가지 않기 위해 새로운 나를 만드는 기간이라 생각하면 된다.

먼저 자신을 추슬러 본다. 그동안의 삶이 최선이었는가. 밖으로는 너그럽고, 안으로는 강하게 자신을 지탱했는가. 아무리 생각해도 형평의 저울에서 균형을 잡지 못한 삶이었다. 돌이켜 보면 너무 안으로만 강하게 제어했고, 밖으로는 사랑을 베풀지 못한 부끄러운 모습뿐이다. 문을 열기는커녕 닫기에 급급하였고, 강약 조절에도 실패한 세월이었다. 좀 더 균형된 삶을 꾸릴 수도 있었는데, 부글거리며 일어서는 감정의 노예가 된 적이 한두 번이 아니다. 아직도 젊은 탓인가.

나이 들어 이제는 그 감정을 어르고 달래는 데에도 이골이 났을 법한데, 지나고 보면 그것 하나 제대로 관리하지 못한 얼치기였다. 감정을 슬기롭게 덮지 못하고 순진하게 그 뿌리를 찾아 뽑으려했던 미련이 자꾸만 수치스럽게 고개를 든다. 그냥 세상을 읽으면서 덮고, 읽으면서 조용히 처신이나 했으면 될 것을, 굳이 근원을 찾아 병균이나 박멸하듯 설쳤으니 바라보는 사람들에게 얼마나 민망스러운 꼴이었을까.

자연에게도 그렇다. 늘 자연의 혜택을 보면서도 그 자연이 주는 교훈을 받아들이지 못한 아둔한 사람이었다. 초록의 일어섬을 보면서도 제 희망을 키우지 못했고, 신록의 최선을 바라보면서도 게으름에 빠졌으며, 한 덩어리가 되어 통합하는 단풍을 바라보면서도 이웃과 어울리지 못했다. 뿐만 아니라 익으면 고개 숙여야 하는 벼이삭의 겸손도 배울 줄 모르는 참으로 어리석은 사람이었다. 제 눈에 든 기둥은 모르고, 남의 눈에 든 티끌만 바라보았으니, 후회하지 않을 수 없다.

지금 이 순간 12월의 문턱에서 후회스런 지난 세월의 아둔함을 인정한다. 그리고 되돌릴 수 없는 인간의 무능에서 할 수 있는 일을 생각해 본다. 지난 삶을 모두 추스를 수는 없고, 몇 가지만이라도 챙겨야 하리라. 최소한 사람 인(人)임을 유지하고 사는 존재라면 제 몸이 말라 비틀어져 사람 냄새조차도 풍기지 못하는 몰골에 감정을 불어넣어야 한다. 마음이 바윗돌같이 메말라서 인정의 비가 내린다 해도 고이지 못하고 주르르 흘러내리는 자신에게 우선 정情을 불어넣어야 한다. 그리하여 늘 잔잔한 인정이 흐르는 샘터로 만들어야 한다. 누구나 함께 할 수 있고, 누구나 부담 없이 교유할 수 있는 터전을 마련한다는 것은 사람으로서 갖추어야 할 기본이다. 얼마 전 함께 함으로 아름다운 모습이었던 저 단풍의 모습처럼 우리도 그래야 삶이 더 윤택하고 아름답다. 아직도 이리 옹색한 몰골이니, 얼마의 세월이 흘러야 자연 앞에 떳떳이 설 수 있는 인간이 될 수 있을까.

사람이 사람일 수 있는 것은 생각하고 사유하는 능력을 가졌기 때문이다. 모든 동물들은 지난 삶을 꼬리로 쓸어 지우며 살아가지만, 인간은 그럴 꼬리가 없다. 신이 모든 동물들에게 꼬리를 남겨 두면서도 인간에게서는 과감히 꼬리를 뽑아낸 뜻을 기억해야 한다. 과거를 기억하고 반성하라는 뜻이다. 그러니까 반성하지 않는 사람은 인간이 아니다. 그냥 덮고 지나가는 것이 아니라 잘못된 것은 깊이 고민하여 고쳐야 하는 것이 인간이다. 이 12월에는 지난 삶의 우매를 이쯤에서 바라보고 다시는 그런 우매를 범하지 않도록 되돌아봐야 한다. 오늘도 부끄러움에 떨며 나 자신에게 잣대를 대어 보지만 온전한 반성보다는 자꾸만 가리기에 바쁜 마음뿐이니 사람 노릇하기에는 아직도 먼 것 같다.

12월에는 마무리보다는 차분히 반성하는 달이라고 말하고 싶다. 자신을 반추해 보고, 새로운 삶을 계획하는 소중한 달이다. 괜한 기분에 망년이니, 송년이니 하여 자신을 감정의 노예로 만들 일은 아니다. 순간은 즐겁고 뒤돌아보면 속이 아린 후회의 12월이 되면 한 해가 후회로 가득 차게 된다. 이 소중한 12월에 음주가무로 허송할 여유는 없다. 다시 자신을 곧추 세우는 지혜가 함께하기를 기도한다.

폐선

당신은 혼자서 방파제 위에 덩그러니 앉아 궁상을 떨고 있네요. 당신이 있어야 할 장소는 분명 저 물 위인데, 엉뚱한 곳에 나와 볼썽사나운 꼴을 하고 있어요. 바닷가를 거니는 사람들이 오가는 곳에 가로놓인 그 모습이 보기에도 흉하기 그지없어요. 마치 빈 공원에서 겸연쩍은 일을 한 노인네가 쑥스러운 표정을 짓는 모습과 너무도 닮아 있어요. 그냥 옆에서 바라보기에도 그렇고, 도와 줄 수도 없고, 그렇다고 외면하기에도 안쓰러운 거 있잖아요. 당신을 보는 순간 그런 기분이었어요.

윤기 나던 피부는 허물까지 벗어졌네요. 얼룩진 옆구리는 부종을 앓는 아픔을 감추지 못하네요. 바닷바람이 불 때마다

저리 을씨년스러우니 아침저녁의 찬바람은 어찌 견디는지요? 난데없이 찾아드는 지난 세월의 삶이 한없이 그립겠어요. 그렇다고 당신이 무엇 하나 맘대로 할 수 없으니, 옆에서 보기에도 딱하네요. 처음 내가 저쪽 먼 데서 당신을 발견했을 때는 노을 지던 저녁 무렵이었지요. 내 눈에 비친 당신은 방파제 너머 너울거리는 파도와 어울려 한 폭의 수채화처럼 느껴졌어요. 방파제 너머 수면에 떠 있는 줄 알았거든요. 가까이 오면서 방파제 위로 밀려났다는 것을 알았을 때는 무언지 모르는 비애감이 몰려오데요.

당신은 갯벌 특유의 냄새를 풍기고 있었어요. 뭐라 할까, 소금기라기보다는 미역이 썩는 냄새. 아니에요. 이생의 삶을 마친 게의 주검에서 나는 냄새 같은 거였어요. 우리 집 누렁이가 마지막 생을 접던 날의 모습이 당신에게도 있었어요. 천식을 앓다가 가신 분의 숨소리도 들렸고요. 참 마음이 좋지 않았어요.

초라한 눈빛으로 저쪽 바다를 바라보던 당신의 모습이 나를 놓아주지 않아요. 당신의 눈이 떠나지 못하는 그곳에는 어선 한 척이 있네요. 해사한 볕에 유난히 빛나는 새 옷을 입었어요. 아마 최근에 유행하는 패션인 거 같아요. 치장도 치장이지만 그 기개가 당당해요. 뱃고동소리도 우렁차요. 어쩌면 만선을 하고 돌아오는 배일지도 몰라요. 왜 당신은 그 어선에서 시선을 떼지 못하는 거예요? 한 치의 흔들림도 없이 그 어선에 정신을 놓고 있는 당신의 모습은 어둠이 내려도 그대로일 것 같네요.

무엇인가 할 말이 많으신가 봐요. 내 발목을 잡고 무언가를 자꾸 뇌는 것 같아요. 당신이 지금까지 걸어오신 길에 대한 이야긴가요? 제가 학창시절에 여객선을 타고 여행한 적이 있어요. 그 배는 남해안의 여러 조그만 섬을 순환하는 배였어요. 옆자리에는 아주 나이가 많으신 어른이 계셨어요. 그분은 한참 나를 훑어보시더니 말문을 여셨어요. 그 이야기는 내가 배에서 내릴 때까지 계속되었어요. 배의 엔진소리가 심하여 제대로 들을 수는 없었지만, 그분은 목소리 조절을 비교적 잘 하셨어요. 대부분 자신이 걸어온 길에 대한 이야기였어요. 더러는 훈계의 말씀도 곁들여서 내가 손자가 된 기분이 들었고요. 아마 내가 방황하고 있는 젊은이로 보였던 모양이에요. 젊은 날의 사랑과 방황을 이야기하실 때는 침까지 튕기며 열성적이셨거든요. 조금은 부끄러운 이야기도 들어 있었고요.

내가 배에서 내리려고 허리 굽혀 인사를 하자 그분은 '당당하게 살아.' 하며 내 손을 잡아 주셨어요. 이물에서 발을 내려놓자마자 고동소리를 내며 여객선은 다음 섬을 향해 떠났어요. 부웅, 부웅 하면서.

학창시절에 만난 그분처럼 당신도 내게 그런 말씀하시려는 거지요? 방파제 위로 밀려난 당신의 모습으로는 전혀 믿기지 않는 젊은 날의 이야기 말이에요. 망망대해를 항해하고 거친 파도도 이겨냈던 당신의 모습이 상상되네요. 당신이 돌아오는 날엔 항구의 갈매기들이 모두 나와 환영했겠지요. 그러나 지금은 여정에 지친 영혼이 어쩌다 찾아와 당신의 어깨에 앉을 뿐이지요.

분명 당신은 그랬을 거예요. 이른 새벽 먼동이 트기도 전에 정박해 있던 몸을 이끌고 망망대해로 내달았을 거예요. 언제나 만선의 꿈을 싣고 나섰겠지요. 아침노을을 헤쳐 나가는 당신의 출항에는 언제나 갈매기들의 행렬이 따랐겠지요. 그 갈매기의 날갯짓은 당신의 고동소리에서 힘을 얻었을 거고요. 참 보기가 좋았을 것 같네요. 내닫는 당신 앞에 부서지는 햇볕이 파문 위로 골 지어 밀려갔겠지요.

당신의 젊었을 때 모습이 그려져요. 바닷물이 아무리 심술을 부려도 당신은 전혀 내색하지 않았을 거예요. 이미 바다의 속내를 알고 있기 때문이었겠지요. 비위만 건드리지 않으면 저러다 만다는 것을 이미 알고 있었겠지요. 물론 광기를 물고 달려드는 성난 파도라면 눈치 빠르게 자리를 내주고 돌아왔을 거고요. 괜히 호기를 부리다가는 낭패를 당하기 십상이라는 것을 살아오면서 터득하셨겠지요.

터득한 진리를 후배들에게 전하려 해도 아무도 당신 앞에 와 주지 않았을 겁니다. 그들은 그들의 방식으로 살아가기에 바빠 당신의 말에 귀 기우리려 하지 않았지요. 너무 마음 상해하지 말아요. 당신도 젊어서 그랬잖아요.

당신이 삶의 지혜를 많이 터득했어도 점차 힘이 빠져 쇄락해가는 몸에는 도리가 없었을 거예요. 또 세월이 흐르면서 자주 몸에 병이 붙는다는 사실도 알았을 거고요. 더러는 병원에 들러 치료도 받았지요. 그때마다 처방은 되었으나 몸은 젊었을 때로 돌아가지 못함은 어쩔 수 없어요. 제대로 구실하지 못하는 당신에게 투정부리는 주인의 말에 많이도 서운했지요? 그래도 평생을 동고동락한 주인밖에 없어요. 여기저기 쑤시는 삭신을 어쩌지 못해 하는 당신을 보고 챙겨서 방파제 위로 끌어올려 준 것은 역시 주인이잖아요. 그대로 물에 있었더라면 지금쯤은 바다 밑 시궁창에 수장되었을지 몰라요.

지금 당신을 바라보고 있어요. 앞으로 당신에게 닥쳐올 일들이 걱정이에요. 이제 어디로 밀려가게 될까? 어쩌겠어요. 이게 다 순환인 걸요. 당신 몸 하나 태워 다른 것들의 긴요한 밑거름이 됨을 자위하자고요. 서글퍼도 어쩌겠어요. 이젠 떠

날 준비를 해야지요.

오늘 따라 볕이 따사롭네요. 찬바람이 아니니 다행이지요. 우리도 어디선가 다시 만날 날이 있을 거예요.

들깻잎과 가죽 순

내 집에는 사연이 있는 식물이 두 종이 있다. 마당 끝자락에 터를 잡은 가죽나무와 텃밭의 들깨가 그것이다. 다른 사람들은 그냥 덤덤히 바라보고 스칠 것들이지만 나에게 있어서는 그렇지 않다. 이것들을 바라보면 뱃속에서 오물 같은 것들이 치밀어 오르는 것 같고, 그 자극에서 나는 삶의 질긴 원동력을 얻기도 한다.

이것들과 아린 추억을 얼마나 간직하고 있느냐는 내가 집을 지으면서 맨 먼저 떠올린 수종이 가죽나무이고, 텃밭을 마련하고부터 지금껏 한 해도 거르지 않고 뿌리고 있는 씨앗이 들깨라면 이해가 될까. 여하튼 이렇게 하여 이것들은 언제나 나와 함께 동숙하는 반려자가 되었다.

중고등학교 시절, 나는 형의 집에서 학교를 다녔다. 초등 마지막 해 봄에 아버지를 여의고, 시골에서 도시로 나와 형에게 얹혀사는 식객이 된 것이다. 맏형의 직업은 안정적이고 건실하였으나 느닷없이 도래한 아버지의 빈자리를 형 혼자서 채우기엔 너무도 큰 짐이었다. 결혼도 하지 않은 아홉 동생을 건사해야 하는 짐은 결코 가벼울 수가 없었다.

힘에 겨운 형은 중학생인 나에게 병아리를 백 마리 사 주면서 그것을 길러 학교에 다니기를 권했다. 마침 형의 집에 넓은 공터가 있어서 계사를 짓고 닭을 기르기엔 안성맞춤이었다. 학교에서 돌아오면 들로 나가 꼴을 베고 개구리를 잡았다. 잡은 개구리를 깡통에 담아 삶아내어 풀과 사료와 섞어서 닭에게 주니 우리 닭은 호강에 겨웠을 것이다.

가을이 되면 들깻잎을 땄다. 차곡차곡 차려서 딸 일도 아니었다. 그냥 훑어 내려서 모으면 되었다. 우리 밭의 것을 다 따고 나면 이웃 밭에 양해를 구해 그것도 훑어 왔다. 모아진 들깻잎은 물에 씻어 큰 독에 넣고 간장을 부으면 그만이었다. 이것이 바로 내 한 해 동안의 도시락 반찬이 되었다. 하루도 거르지 않고 반찬은 간장에 담근 깻잎이었다. 그것도 잎을 잘 펴서 양념한 것이 아니고, 시꺼먼 간장에 전 제멋대로 구겨진

잎들이었다.

나는 이것을 일 년 내내 도시락에 담아 날랐다. 정말 친구들 앞에서 같이 도시락을 먹을 수가 없었다. 언제나 죄인처럼 숨어서 도시락을 비웠다. 반찬을 먹는 예가 없었다. 반찬 그릇에 꽉 찬 깻잎 뭉치는 언제나 집 근처에 와서 풀숲에 버렸다. 하루도 그러지 않은 날이 없었지만, 집안의 실정을 아는지라 투정 부릴 처지도 아니었다. 하루는 이웃집 아낙과 도시락 반찬에 대해 이야기하는 형수의 말이 나를 더 슬프게 했다.

"우리 도련님은 깻잎이면 그만이야. 그렇게 좋아할 수가 없어."

문을 확 열고 '그게 아닌데요.' 하고 소리치고 싶었으나 나는 그러지 못하고 고등학교를 졸업했다.

주말이면 계사의 닭똥을 치우면서 대입 준비를 했다. 다행히도 닭들이 잘 자라주어 매일 수 십 개의 알을 얻을 수 있어서 나는 무사히 고등학교를 졸업했다.

대학에 입학하자 나는 형의 집에서 나왔다. 다 큰 놈이 더 이상 얹혀산다는 것은 무례한 짓이라는 판단에서였다. 맨 먼저 들어간 곳이 출판사였다. 그곳에서 숙식을 하며 나는 대학을 다녔다. 밤낮을 가리지 않고 쌓이는 일을 해결하다 보니 이게 아니었다. 공부는커녕 밤잠을 잘 수조차 없었다. 한겨울에도 공장의 종이 뭉치 위에서 새우잠을 자며 일을 관리해야 했다. 공부를 하기 위해 하는 일인데 그 시간을 모두 출판 일에 투자한다는 것은 뭔가 주객이 전도된 것이 분명했다.

과감히 그곳에서 나와 자취방을 얻었다. 도시의 변두리였다. 더러 인분 냄새도 창틈으로 기어들어오는 곳이었다. 그래도 내 생활이 있어서 좋았다. 냄새야 문을 닫고 살면 그만이고, 무엇보다 눈앞에 들판이 있어 가슴이 확 트여서 살 것 같았다. 자취방 앞의 조그마한 화단에는 가죽나무 한 그루가 있었다.

하루는 그림을 하는 친구가 찾아왔다. 절친하게 지내던 친구지만 그 역시 무명화가라서 넉넉하지 못했다. 둘의 호주머니를 털어 합한 것이 소주 두 병이었다. 어찌하여 술은 마련했으나 안주에까지 신경을 쓸 여유가 없었다. 둘이는 마루 끝에 앉아 강소주를 들이키다가 화단가의 가죽나무 순에 눈이 갔다. 가죽 순을 따서 술안주로 하니 술맛이 그만이었다.

하지만 갓 나무에서 채취한 순을 끓는 물에 데치지도 않고, 생것을 그냥 고추장에 꾹 찍어 먹었으니 탈이 날 수밖에 없었다. 친구와 나는 그 일로 이틀 동안 사경을 헤매며 화장실을 들락거렸다.

그러니까 들깻잎과 가죽나무는 나의 젊은 시절의 식품이다.

어찌 그들을 잊을 수 있을까. 나는 요즘도 그들을 옆에 두고 바라보며 나의 삶이 느슨해지면 약으로 쓰고 있다. 남들은 이런 경우 멀리한다는데 굳이 그럴 일은 아닌 성싶다. 오히려 옆에 두고 다심의 매체로 활용하는 것이 현명하리란 생각이다.

요즈음은 내 속을 알 리 없는 아내가 생 깻잎에 양념을 발라 놓고, 가죽 순에 고추장을 발라 놓으니 고급식품으로 둔갑했다. 아무리 호화로운 양념이 가해져도 내게는 전의 간장에 절인 시커먼 깻잎이 떠오르고, 가죽 순을 먹고 드나들던 다 무너져가던 자취집 화장실만이 눈앞에 어린다. 다행인 것은 그것이 내게 힘을 준다는 사실이다.

궤연

오랜 기간 천식으로 누워 있던 아버지는 세상살이의 짐을 초등학교 육학년인 아들에게 물려놓고 떠나셨다. 위로 형이 넷이나 있고, 누나가 둘이나 되었지만, 나는 그 당시 가장이나 다름없었다. 형들은 모두 도회지로 떠났고, 내가 맡아야 하는 고향집에는 집안 살림을 도맡아 하시는 어머니, 혼기에 찬 누님 한 분, 그리고 어린 동생들이 넷이나 되었다. 이런 와중에 느닷없이 아버지는 내 등 한번 쓰다듬어 주지도 않고 떠나셨다.

사랑채에서 나와 함께 기거하셨던 아버지는 천식으로 제대로 말씀을 하실 수가 없어 누군가를 부를 때에는 으레 화로를 철사 인두로 두드리셨다. 그 인두는 내가 굵은 철사를 불에 달궈 만든 것이었는데 아버지에겐 요긴한 통신 수단이었다. 그 소리를 듣고 달려가 아버지의 수발을 들었다. 그날도 내가 등교하려고 막 대문을 나서려는 순간 화로 두드리는 소리가 났다. 분명 식사를 마치시고 상을 물리라는 전갈이었을 것이다. 시간이 급해 누님에게 미루고 등교한 것이 지금껏 마음에 부담이 되었다. 아버지께서 세상을 떠나시던 날의 모습을 보지 못한 불효가 되었으니.

그날 전교 회장으로 회의를 진행하고 있었는데, 느닷없이 마을 이장님이 교실 문을 열고 나를 나오라고 하셨다. 그로 인해 회의고 뭐고 다 물리고 집으로 달려왔다. 집에 도착하니 넓은 마당에 펼쳐 놓은 멍석 귀퉁이에 막내는 쭈그리고 앉아 있었고, 나머지 세 동생들은 제기를 차며 입씨름을 하고 있었다. 한숨을 쉰 나는 이내 방으로 들어가 아버지의 주검을 만났다.

삼우제를 치르고 난 후 큰형님은 나를 불러 세워 '이젠 니가 가장이야.' 하며 당부의 말씀을 놓고 떠나셨다. 진학을 위한 준비는 뒷전이었다. 중학교로 진학하기 위해 시험 준비를 해야 했지만, 가장이 된 나는 충실히 내게 주어진 일을 수행하였다. 지금도 불가사의 한 것이 하나 있다. 매일 마침마다 사학

년인 남동생을 데리고 오백 고지나 되는 아버지의 유택을 매일 아침 찾은 일이다. 아침에 눈을 뜨면 습관처럼 상복으로 갈아입고 아버지를 찾아가면, 해가 우리 뒤를 따라왔다. 산소에서 내려온 우리는 아침상식을 올리고 등교했다. 어둠이 채 가시기도 전이었는데도 전혀 무서움 같은 것은 없었다. 당연히 해야 하는 의무감 때문인지 비가 오나 눈이 오나 아버지를 찾았다. 이 일은 탈상으로 궤연이 철거된 후에야 멈추었다.

아버지가 떠나신 후로 집안은 을씨년스러웠다. 그토록 당차던 어머니도 넓은 집을 싫어 하셨고, 누님은 무서워서 저녁식사를 서둘렀다. 그러나 나는 전혀 그런 걸 느끼지 못하였다. 내가 다른 사람들보다 겁이 없는 것도 아니었을 텐데, 그런 의지력이 어디에서 나왔는지 알 수가 없었다. 대문 안으로 어둠이 밀려들면 누님은 문밖으로 전혀 나서지 못했다. 밖에 나가야 할 일이 생기면 문고리만 쥐고 나를 바라보았고, 나는 당연한 일처럼 일어섰다. 대청마루에 설치해 놓은 궤연이 무섭다는 것이다.

평소 여름날에는 대청마루가 시원하여 많이 머무르던 곳인데, 아무도 대청마루에 가려 하지 않았다. 그 앞을 지나는 것조차 두려워하였다. 저녁이면 달걀귀신, 멍석귀신에 겁이 질려 있는 누님은 생리현상을 가장 어려워했다. 무서워 화장실에 들어서진 못하고, 마당가에 쭈그리고 앉아서는 나를 궤연을 가리도록 오른쪽에 서 있게 하였다. 이럴 때면 왜 그리 뒷산의 짐승들은 음흉스러운 울음을 울었는지…. 아침에 일어난 누님은 간밤의 흔적을 치우기에 바빴다. 그 흔직은 안방을 향해 일렬로 다가선 모습이어서 누님의 초조함이 어떠했는지 말해 주고 있었다.

탈상 전까지 궤연에서 이루어지는 일은 모두 내 몫이었다. 영실을 여는 일에서부터 촛불을 붙이는 일, 영궤 위에 놓인 혼백상자를 열고 닫는 일까지 모두 내 몫이었다. 저녁상식을 마치고 나중에 와서 정리하는 일도 내가 해야 했다. 그러나 그게 전혀 싫지 않았다. 남들처럼 무섭지도 않았다. 어쩌면 내가 가장이니까 당연히 해야 할 일이라고 인식했는지도 모를 일이다. 궤연의 가림 천이 바람에 흔들리기만 해도 소름이 돋는다는 누님의 말도 나의 임무수행에는 장애가 되지 않았다.

초등학생이었던 내가 그렇게 당차게 현실을 짊어질 수 있었던 힘은 어디에서 나온 것이었는지 지금도 알지 못한다. 가끔 한유한 시간에 생각해 보지만 정답을 얻지 못하고 그리움만이 쌓이는 것은 어쩐 일인지 모르겠다. 천식으로 누워 계셨어도 수발을 하는 나에게 별로 어려움을 주지 않으신 아버지. 입시 준비로 허덕이는 아들에게 부담을 주지 않으려던 모습이 역력했던 아버지, 동생들이 싸울 때면 가쁜 숨을 몰아쉬며 쫓다가 주저앉고 말던 아버지…. 그때마다 나는 대문을 걸어 잠그고 아버지의 전권을 행사하곤 했다. 은연중에 내게는 이 집의 가장이라는 인식이 내재해 있었는지도 모른다. 거기에다 큰형님이 하신 말씀 '이젠 니가 가장이야.'가 힘의 원천이 아니었을까 생각해 볼 뿐이다.

아버지는 떠나셨어도 언제나 내 안에 계셨던 것 같다. 늘 환우로 누워 계셨지만, 여러 자식 중에 가장 옆에 둔 아들이 나였으니까. 마지막 가시던 날 아침에 인두로 화로를 때리시던 부름은 나를 찾는 것이었을 텐데, 그걸 알아차리지 못하고 학교로 줄행랑을 놓은 못난 아들이 죄스럽기만 하다. 그런 까닭인지 지금도 내 의식 속에는 주검으로 맞던 아버지의 핏기 잃은 마지막 얼굴이 선연히 남아 있다. 궤연이 전혀 무섭지 않았던 것은 어린 나의 마음에 언제나 아버지가 계셨기 때문일 거라고 자위해 본다.

목각인형

내게는 목각인형이 하나 있다. 별로 관심을 주지 않는 관계로 먼지를 뒤집어쓰고 문갑 위에 놓여 있다. 팔뚝 굵기의 나무줄기를 깎아 만든 목각인형. 그것은 뉴질랜드에 사는 친구가 가져다준 것이다. 정교하게 다듬어진 것도 아니고, 투박하리만큼 우직하게 깎은 이 조각품은 내 문갑 위에서 조용히 서 있다. 허리 위로만 표현된 이것은 내게 와서 긴 세월 견디면서 뒤통수 쪽에 틈도 생겨서 보기에도 별로인 마오리족의 목각이다.

조각품에 대해 문외한인지라 더 그런지도 모른다. 그쪽에 조예가 있다면 더 아끼고 사랑했을 텐데, 어쩌다 문갑 위를 닦을 때에 험한 걸레로 등에 앉은 먼지나 닦아주는 주인이니 딱한 노릇이다. 녀석 또한 내 무관심을 아는지 별 표정이 없다. 무뚝뚝하게 문갑 위에서 먼지가 내리든, 주위에 소요가 일든 관심 주지 않고 있다. 이미 주인의 심성을 파악하고 현명하게 대처하는지도 모를 일이다.

목각인형을 내게 보낸 친구는 벌써 스무 해 전에 그곳으로 이민 갔다. 그와 나의 첫 만남은 그의 적극적인 접근으로 이루어졌다. 처음 이곳에 내려와 동료들과 차 한잔하는 자리였는데, 그가 불쑥 우리 앞에 나타났다. 그리고는 조그마한 종이쪽지에다 자신의 인적사항을 적은 것을 내밀며 자기소개를 하는 것이었다. 그는 고등학교 생물선생이었다. 다분히 적극적인 그에게서는 취기도 그렇게 풍겨왔다.

그 이후 우리는 몇 가지 소통의 통로가 있어서 자주 만나게 되었다. 무엇보다 술과 외로움이었다. 그는 언제나 저녁이면 술에 절어 귀가하는 사람이었다. 제주도가 고향인지라, 멀리 이곳에 와 있는 나처럼 그도 외로움을 가지고 있었다. 거기에다 그는 글을 쓰고 싶은 욕망에 차 있었다. 그러나 글보다는 술에 대한 욕망이 더 앞에 서는 경우가 많았다. 여하튼 그래서 우린 자주 만나게 되었고, 가끔 술도 했으며 자신의 삶을 털어놓기도 하였다.

그렇게 지내던 어느 날 그가 상당히 가라앉은 목소리로 나를 찾았다. 그는 자신이 처한 현실을 못 견뎌했다. 지금 바로 사표를 내고 외국으로 이민이라도 떠나겠다며 한숨만 토하는 것이었다. 하지만 나에게는 그를 돌려세울 힘도 없었고, 어떤 좋은 방책이 서는 것도 아니었다.

“강 교수, 내 가서 힘들면 연락할게, 돈 좀 부쳐 주라.”

정말 그는 그렇게 농처럼 이야기를 하더니만, 어린아이 장난하듯 우습게 뉴질랜드로 떠나갔다. 그러고 일곱 해가 지나서 그는 도깨비처럼 나타나서 그 인형을 내 손에 안겼다. 아주 조그마한 것이었지만, 그 모습이 우직하여 영락없는 그였다. 나는 그를 안아 들이듯 그것을 받았다. 하지만 그가 다시 출국한 후에는 그것에 대해 잊고 살았다. 바쁜 일상보다도 재미없는 내 성격 탓이었으리라 믿는다.

그러고 또 몇 해가 지나서 그의 전화가 왔다. 몸이 좋지 않아 수술을 해야 한다는 것이다. 타국의 병상에 누워 있는 그를 상상하는 일은 고역이었다. 그때 내 눈에 들어온 것이 이 목각인형이다. 때마침 바라본 이것은 그렇게 쓸쓸해 보일 수가 없었다. 아무런 말도 못하면서 멍청히 하늘만 바라보고 있는 목각인형. 이것에서 친구의 환영이 올라오고 있었다. 아무리 힘들어도 여기서 견디는 편이 낫지 않았을까? 지금은 외로움까지 더해졌으니 갑절은 더 힘들겠지.

목각인형이 떨고 있다. 마오리족이 떨고 있다. 본래는 이곳이 자신들의 삶터인데 밀려든 다른 사람들에게 시달리고 있다. 그들이 감내해야 할 고통의 무게가 엄습해 온다. 작은 체구로 찾아오는 이들에게 웃음을 팔고 사는 원주민들. 그들은 찾아온 사람들에 의해 고립되어 온전한 삶을 꾸리지 못하고 변질된 삶을 살고 있다. 이제야 목각인형의 표정을 이해할 수 있을 것 같았다.

친구는 왜 그 목각인형을 내게 준 것일까. 어쩌면 자신의 분신이라 생각하고 건넸을지도 모른다는 생각이 문득 외롭게 인다. 관광객에 의해 볼거리가 되어 외롭게 견뎌야 하는 마오리족처럼 그도 현지인들과 녹아 살지 못하고 볼거리가 되어 있는지도 모를 일이다. 마오리족들은 찾아온 사람들에 의해 외로움을 느낀다면, 친구는 제 스스로 찾아들어가서 외톨이가 되어 외로움을 느끼겠지. 어찌 되었던 그들은 삶에서 얻은 앙금으로 서서히 표정이 굳어져서 무표정한 목각이 되었다는 생각이 이는 것은 왤까. 내가 전혀 관심을 주지 않고 있는데도, 목각인형은 언제나 슬픈 얼굴을 하고 제 자리에 굳어 있다.

목각인형을 바라본다. 이제야 그 친구가 인형을 가져다 준

뜻을 조금은 알 것 같다. 그러나 나는 목각인형에 드리운 어두운 그림자를 닦아내지 못한다. 앉은 먼지라도 닦아 주어야겠다. 닦아줘도 그 표정이겠지. 무뚝뚝한 목각인형은.

겨울 이야기

처음 있는 가족여행이다. 뭐가 그리 바쁜지, 한 번도 가족끼리 여행을 하지 못했다. 부모인 우리가 기회를 만들면 아이들의 일정이 맞지 않았다. 또 어쩌다 아이들이 제의해 오면 우리의 일정이 뭔가가 걸렸다.

그러나 이번은 모든 일을 내려놓고 따라나서지 않으면 아니 되었다. 아들 부부가 외국으로 떠나게 되어 출발에 앞서 갖는 가족여행이니, 피치 못할 일이 있다 하더라도 제겨놓고 나서야 할 판이었다. 그러나 시집간 딸 내외는 함께하지 못 했다. 분만일이 가까워 무리한 여행은 피하는 게 좋다는 의사의 권유에 의해서였다. 대신 딸아이가 숙소를 잡아주었는데, '우리에겐 사치구나.' 하며 여장을 풀었다.

네 식구가 사흘 묵어야 할 숙소는 깊은 숲속에 있었다. 침실이 따로따로 구비되어 있었고, 주방의 시설도 완비되었다. 식사도 미리 주문하면 편리하게 해결되었지만, 주방시설이 충분하여 굳이 낭비할 것 없이 가족의 취향에 따라 해결하기로 했다.

샤워를 하고 소파에 기대어 밖을 내다본다. 창 너머에 있는 한 평 정도의 뜰이 마음에 여유를 준다. 추위에 겁이 없는 풀들이 고개를 내밀고 세상 밖은 물론 창 안의 세계를 기웃거린다. 그곳을 벗어나면 바로 원시림이다. 숙소는 침대 위에 누워서도 창밖의 원시림을 바라볼 수가 있다. 한겨울이라 잎이 떨어져서 나무의 이름도 헤아리기 어렵다. 알지 못하는 나무들이 뒤엉켜 사는 모습을 한참이나 바라보고 있는데, 때마침 고라니 한 쌍이 숲에서 나와 창 앞의 풀을 뜯는다.

반가움에 얼른 카메라의 셔터를 누른다. 그래도 도망침이 없이 풀을 뜯고 있는 것이 보기에도 좋다. 얼마나 먹이가 귀했으면 여기까지 찾아왔을까 하는 생각에 무엇이든 먹을 만한 것을 주고 싶다. 주방에 가서 찾으니 저녁거리로 사온 무가 있다. 녀석들에게 줄 요량으로 조심스럽게 창문을 열자 그들은 숲 속으로 도망친다. 느닷없이 밀려오는 낭패함과 쓸쓸함이 온 몸을 휘감는다. 한참 동안 녀석들의 잔영이 내 시야에서 사라지지 않는다.

그동안 아들은 부모가 하는 말에 거역한 적이 없었다. 제 어미가 하는 말은 행동의 지침서가 되었다. 하도 철저하게 따라서, 우스갯소리로 '제 어미 말을 김일성이 말처럼 따른다.'며 북쪽 아이들에 비유하여 비아냥거리기를 자주했다. 그러던 아이가 결혼하더니만 자립을 위해 고민하는 모습이 역력했다. 부모의 그늘에서 벗어나 제 홀로서기를 고민한 끝에 선택한 것이 외국으로의 탈출이었다. 가까이만 가서 아이의 어려움만 없애 주려던 부모의 뜻이 부담으로 작용했던 모양이다.

이 겨울에 먹이가 부족하여 내려온 고라니에게 무를 주려던 나의 마음은 그들에게 전달되지 않았다. 내 뜻이 제대로 전달되었더라면 그들은 숲 속으로 줄행랑을 치지는 않았을 것이다. 굶주림에서 내가 내어주는 먹이를 달게 받아 먹었을 것이 뻔하다. 그러나 그들은 끝내 숲 속으로 사라졌다. 밖으로 나와 그들이 달아난 숲을 헤치고 바라본다. 저쪽으로 가시덤불이 즐비하게 드리워져 있다. 가시에 찔리며 달아났을 고라니를 생각하니 마음이 짠하다.

밤이 이슥하도록 잠을 이루지 못하고 창 너머 숲을 지켜보고 있다. 나의 속내를 알지 못하는 아내는 코를 골며 깊은 잠에 빠졌다. 얼마나 오래 있었을까. 귀에 거슬리던 코골이 소리가 고라니의 잔영에 밀려간 듯 들리지 않는다. 그 가녀린 다리로 헤쳐 나갔을 험난한 가시덤불이 너무도 무섭게 앞을 가로막는다.

아들 부부가 그동안 부모의 배려를 어떻게 받아들였을까. 부모와 자식 간에 소통이 제대로 되지 않은 부분은 없었을까. 서로의 마음이야 전달되었겠지만, 처지가 다르니 다른 판단을 했을지도 모른다는 생각이 꼬리를 문다. 아는 이 하나도 없는 타국의 가시덤불 속을 헤쳐 나가야 할 아들 부부의 앞날이 눈앞에 어른거려 잠을 이룰 수가 없다.

겨우 새우잠을 자고 일어나니, 창밖이 환하다. 그 사이 눈이 제법 내렸다. 오랜만에 바라보는 눈이다. 눈이 헐벗은 나뭇가지 위에도 붙었고, 침엽수 위에서는 무섭도록 하얗게 퍼질러 앉아 결박하고 있다. 창가로 다가선다. 순간 어제의 그 고라니들이 생각난다. 저 눈 덮인 산속을 헤매며 먹이를 찾고 있을 그들의 아침이 안쓰럽게 내 시야로 밀려온다. 세찬 바닷바람과 추위는 어찌 견딘다 해도, 굶주린 배를 채우는 일은 그리 만만하지 않을 것이다. 어제 창 앞의 풀이라도 더 뜯고 가게 둘 것을 괜힌 짓을 했다는 후회가 나를 더 불편하게 한다.

늦잠을 자고 나오는 아들 부부의 모습이 부스스하다. 앞으로 자신들의 앞에 닥칠 일로 편한 밤은 아니었지 싶다.

"캐나다는 여기보다 더 춥겠지?"

"그렇겠죠."

우리의 대화는 더 이상 이어지지 않는다. 그냥 창밖을 내다볼 뿐이다. 조바심이 난 것은 역시 나다.

"눈도 많이 오겠지?"

"그렇겠죠."

이렇게 눈 덮인 산야가 걱정으로 내 앞에 다가선 적은 없었다. 그러나 더 이상 내색해서는 안 된다는 것을 알고 있기에 마음을 고쳐먹는다. 그러자 눈이 아름답게 보이기 시작한다. 잘해낼 거야. 아들의 넓은 어깨를 믿기로 했다. 순간 세찬 바람에 밀려온 눈발이 창가에서 부서진다.

목단꽃

전에 고등학교에 근무할 때부터 갖고 있는 생각인데, 가을이면 교실에 국화 화분을 장만하는 일은 잘못된 것이라는 견해를 내려놓지 못한다. 대개의 경우 교장들은 가을이 되면 아이들의 정서 운운하면서 교실에 국화라도 하나 있어야 하는 게 아니냐며 압력을 가한다. 그것도 학교에서 마련해 주는 것이 아니고, 여유 있는 학부형을 활용하라는 묵언의 방법까지 제시하면서 말이다.

교장의 압력이 싫어서가 아니고 이는 전혀 아이들의 정서순화에 도움이 되지 않는다는 나름의 지론이 있기 때문이다. 절정에 달한 국화는 중구절重九節이 지나면서 서서히 시들기 시작한다. 그러니까 활짝 핀 국화를 교실에 가져다 놓고, 점차 시들어 죽어가는 모습을 아이들에게 보여주는 것은 정서순화는커녕 오히려 좋지 못한 영향만 끼치게 된다는 판단에서다. 차라리 이른 봄에 아이들에게 삽목한 조그마한 화분을 나눠주고 물을 주며 가꾸는 것을 가르치는 것이 교육적 차원에서 바람직할 것이라는 지론이다.

그래서 나는 결혼하여 두 아이가 세 살, 다섯 살 때부터 아이들의 정서를 위해 화초를 길렀다. 분가하여 제 집도 갖지 못하고 남의 집을 전전하는 주제에 화초를 키운다는 것은 그리 쉬운 일이 아니었다. 여유가 없는 마당은 온통 보도블록으로 뒤덮여 있으니, 오로지 방법은 화분재배였다. 화초에 대한 지식이 많은 것도 아니고 오로지 아이들을 위해 집안에 푸름을 유지하자는 욕심뿐이었다. 그러다 보니 자연스레 손쉽게 구하거나 번식이 가능한 것들이 마당을 채우게 되었다. 출근 전 아이들을 깨워 조로에 물을 담아 하나씩 들려주고 같이 물주기를 한다. 이게 진정한 정서순화라고 굳게 믿고 있는 데서 나온 행동이었다.

그러던 어느 날 길을 가다가 만개한 목단꽃을 보고 욕심이 나서 하나 구입하게 되었다. 목단은 목본이라서 땅에 심어야 하는데, 그럴 처지가 아니라 화분에 터를 잡아 주었다. 깊이 생각할 겨를도 없이 당연히 그렇게 해야 한다는 결론 앞에 화분에 담았다. 정성에 보답이라도 하듯 목단은 잘 자라 주었다.

대부분 분에 기르는 화초는 구하기 쉽고, 번식이 수월한 것을 선택한다. 그러다 보니, 추위에 약한 것들이 많았다. 겨울이 되면 나는 아예 골방 하나를 온실로 내어, 모든 화분의 쉼터로 활용해야만 했다. 추위가 가실 때쯤 되니, 개중에는 답답하여 몰골이 말이 아니게 해쓱한 놈도 생겼고, 세상을 아예 버린 놈도 나타났다. 그러나 목단만은 오히려 기골이 장대하여 벌써 꽃망울이 올라오고 있었다. 대개 4월에나 꽃망울이 올라오는 것인데 구정이 겨우 지났는데 벌써 꽃을 피우고 싶어 야단이다.

나는 이 목단 화분을 내 서재로 옮겼다. 화려하게 필 꽃을 그리며 봄을 맞고 싶었다. 선덕여왕(덕만공주)이 벌 나비가 없으니 향기가 없다고까지 하였으니, 꽃이라도 놓치지 않고 보고 싶었다. 며칠 지나니 꽃이 화려하게 피었다. 그렇게 소담할 수가 없었다. 퇴근하여 그 꽃을 바라보는 즐거움으로 저녁시간을 보낸 나는 욕심이 더하여 서재에서 늦도록 책을 보다가 아예 그 방에서 취침을 하고 말았다.

그런데 이튿날 아침 일어나려니 몸이 말을 듣지 않았다. 머리에 통증이 쏟아지며 어지러웠다. 한참을 견디다 종국에는 병원을 찾은 그날은 출근을 하지 못했다. 비로소 안 일이지만 나는 긴 밤 동안 목단꽃 향기에 노출되어 사경을 헤맸던 것이었다. 누가 목단이 향기가 없다고 했던가. 이토록 진하여 사람을 혼절하게까지 하는데 향기가 없다니, 세상에는 잘못된 정보도 참 많다는 생각이다. 물론 아직 찬기가 가시지 않은 시기라서 방문을 모두 닫고 있었다는 점도 고려해야 하지만, 여하튼 목단이 향기가 없다는 정보는 엉터리 중에 엉터리다. 짧은 지식과 식견으로 세상을 버릴 뻔한 경험을 하고 나니 꽃을 기른다는 것도 겁이 덜컥 난다.

독성이 강한 협죽도를 마당 가득 번식시켜 놓고 좋아라 한 지난 세월이 아찔하다. 꺾꽂이가 잘 되어 한 화분을 스무 개로 번식시키고는 흐뭇해 한 무지를 어떻게 봐야 할지 모르겠다. 그토록 위험한 독성을 가진 나무를 집안에 한가득 심어놓고 아이들이 그곳에서 놀기를 소망했으니 아비치고는 돌팔이이고 상 무식쟁이다.

세상의 일은 어느 하나로 묶을 수는 없는가 보다. 장소와 상황에 따라 그것이 갖는 의미나 기능은 얼마든지 변질될 수 있다는 생각이 나를 무겁게 찍어 누른다. 목단꽃이 향기가 없다는 말은 허허로운 공간에 놓였을 때 할 수 있는 말이다. 꽃이 화려하다 보니 향기도 많을 것이라고 예측하였는데, 기대만큼 진하지 않다는 데서 나온 말일 것이다. 그것이 밀폐된 공간에서는 살인적 향기를 갖는다는 것을 전혀 생각하지 못한다. 그토록 강한 독성으로 사람의 목숨을 앗아갈 수 있는 협죽도를 번식과 관리의 수월성만을 유념하여 아이들 곁에 두었던 나의 우매와 무엇이 다르랴.

국화도 꽃이 피어나는 기간에는 사람들에게 즐거움을 주지만, 만개 후에 시들어가는 꽃은 죽음의 허무만을 안겨줄 뿐이다. 그러니 교실에 국화 분을 들일 때도 좀 일찍 서두르는 것이 좋을 것이고, 목단꽃은 목본이니 땅에 심어야지 화분에 담을 일이 아니며, 협죽도도 먼 데서 바라봐야 좋은 법이다.

흔히 목단꽃을 '모란'이라 부르지만, 나는 그렇게 감미롭게 부를 수가 없다. 그리고 내가 진평왕이었다면, 덕만공주의 영민함에 설복되어 여왕의 자리에 앉히는 일은 하지 않았을 것이다.

2.
비를 받아들이자

백두옹 白頭翁

사람들은 식물의 잎을 보면서 별다른 생각을 하지 않는다. 그게 그거려니 한다. 아니 그냥 아무런 생각 없이 바라볼 뿐이다. 그것은 새 잎이 돋아날 때의 모양이 별다른 차이가 없기에 갖는 생각이기도 하다.

하지만 꽃을 피우기 위해 꽃대를 밀어올리기 시작하면 사람들의 생각은 확연히 달라진다. 어떤 꽃이 필까 궁금해 하고 나름대로 추억 속에서 기억을 끄집어내기에 여념이 없다. 내가 할미꽃을 좋아하게 된 것도 같은 맥락에서다.

오래전부터 고향을 떠나 이곳에 와서 살면서 내 집을 짓게 되면 반드시 고향동산을 만들겠다는 꿈을 가지고 있었다. 정원의 한 모퉁이에 내 고향에 피는 꽃들을 구해다가 심어 놓고 그리움을 달래겠다는 심산이었다. 그때 가장 먼저 떠오른 꽃이 진달래와 할미꽃이었다. 굳이 특별한 사연이 있는 것은 아니고, 내 어린 날의 기억 속에 선명히 살아 있는 것이 이 두 꽃이었다. 진달래는 꽃방망이를 만들어 용천배기가 보리밭골에 숨어 있다가 어린아이의 간을 빼어간다는 이야기가 뇌리에 남아 있었고, 할미꽃은 무덤가에서 할머니의 굽은 허리처럼 핀다는 정도만 기억하고 있었다.

하여튼 이렇게 하여 집을 짓자마자 고향으로 가서 이 두 꽃을 구해다 심었다. 그런데 진달래는 내 집에 와서 두 해 동안 꽃을 보여주다 죽었다. 잔디밭 가장자리에 심어 놓았더니 아이들이 꽃을 따 버리기도 하고, 급기야 밟아서 부러뜨리고 말았다. 하지만 할미꽃은 해를 거듭할수록 포기가 커지고 많은 꽃대를 밀어 올렸다.

땅에 납작 엎드린 잔디 위로 꽃대가 한 뼘 이상 자랐다. 바라보는 사람들의 칭송이 자자하다. 요즈음은 이 꽃이 귀하다 보니 보는 이마다 한마디씩 한다. 잎만이 널브러져 있을 때는 거들떠보지도 않던 사람들이 꽃대가 올라오자 다가서서 관심을 보인다. 기왕에 할미꽃을 알고 있었던 사람들은 반가워하고, 모르던 사람들은 무슨 꽃이냐며 호들갑이다. 아무리 호들

갑을 떨어도 잎에 대해 말하는 사람은 없다. 모두 꽃대와 꽃에 대해서 거든다. 꽃대가 굽어 애처롭게 보이고, 색깔이 진자주색이라서 진귀해 보인다며 이야기를 늘어놓는다. 더러는 온몸에 난 털의 부드러움을 이야기하며 신기해하기도 한다.

나는 다른 사람들이 관심주고 있는 것이 신기했다. 그래서 꽃씨가 익어 바람에 머리칼을 날리기 시작하면 소중히 그 씨앗을 받았다. 실하게 익도록 그늘에 며칠 두었다가 파종을 했다. 체에 쳐 곱게 부스러진 흙을 작은 비닐 화분에 담고, 손가락으로 꾹 눌러 조그마하게 홈을 낸 다음, 그곳에 씨앗을 서너개씩 넣고 흙으로 덮었다. 한 보름 정성들여 물을 주니 새싹이 돋아난다. 한 해 여름 정성들여 관리하자 실한 할미꽃으로 성장했다. 잔디가 누렇게 변하는 가을날에 정식定植해 놓았더니, 다음해 봄에는 꽃대를 밀어 올리는 것이 아닌가.

번식시켜 마당가 잔디밭의 구석구석 사람의 발이 닿지 않는 곳이면 모두 할미꽃을 심었다. 그러면서 나는 자연스럽게 그 꽃의 아름다움에 빠져들었다. 나대지도 않고, 후미진 곳에서 제 자리만을 지키고 있는 할미꽃. 수줍어 고개도 들지 못하고 있는 모습이 마냥 애처롭기만 하다. 차마 말로 표현하지는 못하고, 속으로 삭히며 살다가 스르르 말라버리는 가슴처럼 삶을 살아내는 할미꽃. 내 곁에 올 때나 지금이나 한결같이 그

진자주색을 유지하며 자리를 지키고 있다.

옮겨와 그 긴 세월을 살았으면 고개 들어 하늘이라도 한번 바라볼 수 있을 텐데, 전혀 그런 건방은 없다. 언제나 타향에 와서 주위 꽃들에게 폐 끼치지 않고, 제 자신만을 다스리며 살고 있다. 가끔은 잡풀이 날아와 옆구리를 찔러도 항변 한마디 없이 제 분수만을 지키며 삶을 살아낸다.

어쩐 일일까. 그동안 꽃만이 눈에 들었지, 씨앗이 자라 백발옹白髮翁이 되는 것은 전혀 눈에 들어오지 않았다니……. 이런 무관심이 있을 수 있을까. 머리털이 허옇게 변하도록 나이가 들고 보니, 이제야 그 백두옹白頭翁이 내 가슴에 한스럽게 파고든다. 흰 머리털 흩날리며 바람에 그리움을 실어내는 그 애절한 망향의 뜻을 왜 몰랐을까.

이젠 수백 개의 비닐 화분에 파종하여 할미꽃을 번식한다. 돌보는 재미도 있다. 물론 그 마음에는 숨겨둔 기대감도 있다. 운이 좋으면 조상들이 살던 고향 땅으로 옮겨갈 기회를 얻을 수도 있기 때문이다. 나처럼 타향에 와서 살고 있는 할미꽃. 망향의 꿈이 나만큼은 크겠지. 어쩌다 고향 말씨를 쓰는 사람이 나타나면 나도 모르게 목소리가 커진다. 속마음은 그가 이 꽃에 대해 욕심이 일기를 기대하면서 말이다. 달라고만 하면 몇 포기쯤이야 선뜻 내어줄 판이다. 이 꽃이 조상의 삶터로 돌아갈 좋은 기회라 생각하니 가슴이 설렌다.

아침저녁으로 경대 앞에서 빗질하며 흰 머리털을 줍기 시작한 후로는 더욱 고향이 그립다. 꽃만 보았지 백발옹을 보지 못하던 시절과는 달리 요즈음은 자꾸만 '고향'이란 말이 고개를 든다. 지난번에 받아 놓은 백두옹의 씨를 꺼내 본다. 많은 씨앗들이 옹기종기 둘러앉아 한담을 즐기고 있다. 흡사 동네 사랑방에 모여 앉은 노인들처럼.

이번 제사 때엔 할미꽃 씨를 가지고 부모님이 계신 선영에도 다녀와야겠다.

습習

배구 코트는 내 유년의 뜰이 분명하였다. 흙먼지가 폴폴 날아오르고 있었으나 크기는 작아 보였다. 여러 명이 네트를 향해 짚단으로 서브 동작을 반복하고 있었다. 배구공이 아니었다. 힘껏 내치면 짚단은 적진을 향해 날아갔다. 그 모습은 마치 옛날 전쟁터에서 불화살이 적을 향해 날아가는 모습과 흡사했다. 날아가는 짚단에서는 자꾸만 불꽃의 환영이 붙어 내 시야를 채웠다. 옆의 사람들이 내치면 짚단은 하늘을 가득 메웠다. 그것은 가을 추수를 끝낸 오후 마당에 모인 고추잠자리처럼 하늘을 날았다. 사람들은 힘도 들이지 않고 연신 그것을 하늘로 띄워 보냈다.

하지만 나는 그렇게 할 수가 없었다. 내가 친 짚단은 여전히 네트 앞에서 푹 주저앉고 말았다. 단 한 번도 네트를 넘겨 저쪽 편으로 보내질 못했다. 온 힘을 다해 짚단의 밑동을 쳐 보나 허사였다. 옆에서 하는 다른 사람들은 손쉽게 힘도 들이지 않고 넘기고 있었으나 나는 전혀 되지 않았다. 왼손잡이인 나는 오른손에 공처럼 올려놓고 계속 주먹으로 내쳤다. 하지만 내 손에서 떠난 것은 한 번도 네트를 넘어가지 못했다. 주먹으로 해 보고, 손바닥으로 해 보고, 심지어는 손등으로도 해 보았으나 그것은 네트를 넘어 상대 진영으로 보내질 못하였다.

다른 이들은 여전히 내 옆에서 손쉽게 넘기고 있다. 그들 중엔 실수하는 자가 한 사람도 없었다. 어떤 이는 주먹으로, 어떤 이는 손바닥으로, 또 어떤 이는 손등으로 묘기를 보였다. 다양하게 시도하는 그들은 툭 쳐서 넘겼다. 그들 중에는 잘 알려진 작가들의 얼굴도 보였다. 시간이 흐를수록 작가들의 얼굴이 더 많이 나타났다. 어쩌면 문인 서브대회인지도 모를 일이었다.

나는 그들의 모습을 눈여겨보면서 따라해 보았다. 그러나 짚단은 네트를 넘어가지 않았다. 마침내 나는 좌절에 떨어지고 말았다. 더 이상 부끄러워 시도할 수가 없었다.

"도저히 안 돼. 나는 왜 이리도 능력이 없지?"

부모가 원망스러웠다. 포기하고 좌절에 차서 운동장을 빠져나왔다. 눈물이 쏟아졌다. 그렇게 내가 초라하게 보일 수가 없었다. 눈물을 훔치며 건물의 모퉁이를 돌아 나오니, 그 뒤에는 더 넓은 운동장이 있었다. 뒤 운동장에서도 엄청 많은 사람들이 짚단을 가지고 서브 연습을 하고 있었다. 아까 본 사람들의 열 배는 족히 되어 보였다. 그들은 말없이 묵묵히 연습만 하고 있었다. 어떤 이는 온몸에 땀이 범벅이 되었는데도 멈추지 않고 넘어가지 않는 짚단을 계속 내치고 있었다. 그런데 이상한 것은 네트에 부딪친 것이 금시 사라지고 보이지 않았다. 그물망에 꺾여 방향을 밑으로 한 후엔 바로 없어졌다. 그렇게 많은 사람들이 내친 짚단이 네트 밑에 수북이 쌓여야 할 텐데 하나도 없었다. 오로지 짚단이 네트에 걸려 추락하는 모습만이 운동장에 가득했다.

정말 이곳에서는 짚단을 넘기는 사람이 하나도 없다. 힘들여 치고는 있었으나 그것은 네트에 걸려서 땅으로 추락하는 것이었다. 그런데도 그들은 어느 누구 하나 초조해하거나 불안해하지 않았다. 묵묵히 연습만을 이어갈 뿐이었다. 나처럼 눈물짓는 사람도 없었고, 좌절하고 운동장을 떠나는 사람도 없었다. 그냥 짚단을 내치는 연습만 계속하고 있었다.

한참을 바라보고만 있던 나는 그들 속으로 들어갔다. 다시 짚단을 들고 연습을 시작했다. 옆 사람에 신경 쓸 것도 없이 혼자만의 연습이 계속되었다. 온몸에 땀이 흐르는 것이 느껴졌다. 숨이 가빠왔다. 그러나 다리에는 아직 많은 힘이 남아 있었다.

이날 밤 땀에 절어 잠에서 깨어난 나는 컴퓨터 앞에 앉았다. 오랜만에 컴퓨터 앞에 앉은 것이다. 늘 원고를 써야 한다는 강박감 속에서 살면서도 벌써 석 달이 지나도록 앉아 보지 못한 컴퓨터 앞이다. 책상머리에 있는 캘린더에 적혀 있는 일정이 선명한 빛을 발하며 내게 달려든다. 마감해야 할 원고들이 보채는 아이들처럼 일어선다. 모두가 마감 날이 지났거나 하루 이틀 남은 원고들이다. 컴퓨터 앞에 앉아 있으나 자판에 손이 올라가지 않는다. 멍청한 모습으로 한참을 앉아 있던 나는 그만 책상에서 물러나고 말았다.

이 날 이후 얼마간 더 긴 시간을 나는 컴퓨터 앞에 앉을 수가 없었다. 아니 무슨 일이든 손에 잡히지 않았다. 일 앞에 서면 진땀만이 흘렀다. 땀이 흐르는 것도 의식하지 못하고 책상 앞에 눌러앉아 계속 구상하고 첫 문장을 시도해 보았으나 다음 줄을 잇지 못하였다. 머릿속으로 어떤 구체적인 것이 떠오르는 것도 아니었다. 가끔은 짚단을 내치던 동료 문인들의 얼굴만이 스쳐지나갔다.

몇 날이 지났을까. 문득 넘기지도 못하는 짚단을 계속 내치고 있던 사람들의 모습이 떠오른 것은. 그들은 여전히 지금도 내 의식 속에서 서브 연습만을 하고 있다.

방에서 빠져나왔다. 찬바람이 내 이마를 스치며 몽롱한 의식을 후려친다. 고향으로 향했다. 고향집 앞마당에는 분명 짚가리가 있을 터였다. 짚단이라도 보아야겠다. 그리고 내 의식 안으로 끄집어내어 서브라도 해 봐야겠다.

역시 고향은 내게 위안을 안겨준다. 초조하던 마음에 평정이 인다. 되지 않는 일은 내려놓으면 그만이라는 주장이 나를 설득한다. 일을 덜어내어 여분의 힘을 가지고 있지 않으면 아무 것도 이룰 수 없음이 고개를 든다. 욕심을 버리고, 꾸준히 연습만 하는 삶도 의미 있음을 왜 몰랐을까. 새가 하늘을 날기 위해 끝없이 날갯짓을 한 세월이 있음을 문득 깨닫는다. 내 안에 끼었던 초조의 기류가 서서히 물러나며, 아침 안개처럼 편안함이 밀려온다. 바로는 아니더라도 언젠가는 분명 컴퓨터 앞에 앉을 수 있을 것이라는 예감이 나를 들뜨게 한다.

싸한 바람이 불어온다. 일어난 흙먼지가 운동장 안에 가득하다가는 서서히 내려앉는다.

우리

우리말을 공부하면서 내 감각의 촉수에 걸린 말 중에 하나가 '우리'라는 1인칭 복수대명사다. 이 말은 '울', 즉 오늘날의 '울타리'에 해당하는 말에 주격조사 'ㅣ'가 붙어서 어형이 확대된 말이 아닐까 하고 추측해 본다. 우리 민족은 인칭 대명사를 각별히 사용하진 않았던 것처럼 보여 이런 추측도 해 보는 것이다. 그러니까 적합한 어휘가 없어서 다른 데 쓰이고 있는 말을 끌어다 사용하는 보충법의 한 예로 보고 싶은 것이다.

'우리籬'는 짐승을 사육하기 위해 설치한 시설을 의미한다. 이 말이 어떠한 것을 둘러싸서 하나로 만드는 뜻이 있으므로 너와 나를 함께 지칭하는 1인칭 복수 대명사로 차용하게 된 것이 아닐까. '너'와 '나'의 복합체는 이 둘을 둘러싼 보이지 않는 선에 의해 뭉쳐진다. 뭉쳐졌기에 같은 운명을 가지고 있고, 나아가는 행동의 방향이 같기를 요구한다. 더러는 그것이 이질적이라 해도 서로 조율하여 원만한 길을 갈 때에 '우리'는 존재의 의미를 더한다. 이 조율이 불가하면 '우리'의 의미는 아무런 뜻이 없어진다고 볼 수 있다.

인간은 짐승을 기르기 위하여 '우리'를 만들기도 한다. 이때의 우리가 함유한 뜻은 어떻게 풀어야 할까? 짐승을 기를 때 우리는 '사육한다'는 표현을 쓴다. 여기에는 보호하고 관리한다는 의미가 더 있을까, 가둔다는 뜻이 더 있을까? 하나의 현상을 두고 어떻게 인식하느냐에 따라 '우리'의 의미는 엄청난 차이를 가지게 된다. 짐승을 사육하기 위해 설치해 놓은 '우리'는 보호하기 위한 장치일까, 가두기 위한 장치일까.

보호한다고 인식하고 보면 그 안에 있는 것들에게는 그렇게 고마울 수가 없는 시설이다. 다른 것들의 공격을 막아주는 시설이고, 가만히 있기만 해도 편안하게 먹이를 얻어먹을 수 있는 최고의 안식처인 것이다. 이보다 더 살아가는 데에 좋은 것이 없을 정도다.

하지만 이것을 가둔다고 인식하고 보면 소름이 끼쳐지는 존재이다. 넓은 세상으로의 나감도 못하게 하는 영어囹圄의 감옥인 것이며, 꿈도 희망도 갖지 못하게 하는 최악의 그물인 것이다. 그 안에 있는 것들은 밖의 세상을 알 수 없으니 무슨 꿈을 꾸고 희망을 가져보겠는가. 오로지 던져주는 잔밥이나 받아먹으면서 체념 속에서 살아가야 하는 운명체가 되어 버리고 만다.

같은 현상을 두고 이렇게 다르게 인식할 수 있다. 긍정적으로 바라보면 그렇게 고마울 수 없는 존재도 부정적인 시각으로 바라보면 몸서리쳐지는 벽담인 것이다. 이런 현상을 보고 전에는 어지간하면 긍정적으로 바라보기를 요구했다. 그래야 원만하고 세상이 밝게 보인다고 인식했다. 그래서 혼자 있는 것보다는 함께 있어야 즐겁다고 했고, 한 덩어리가 되어 두루뭉술하게 세상을 살아내기를 소망했다.

하지만 요즈음은 전혀 그렇지 않다. 혼자이기를 소망하는 사람이 참으로 많아졌다. 군중 속에 있어도 혼자이기를 원하고, 혼자 있다고 생각한다. 눈앞에서 일어나는 어떠한 소란도 눈에 들어오지 않는다. 주위에서 들려오는 소리도 전혀 귀에와 닿지 않는다. 모든 것은 혼자이도록 차단하는 장치가 있다. 눈에는 폰의 모니터요, 귀에는 리시버다. 그래서 군중 속에 함께 있어도 철저하게 혼자일 수 있다. 심한 경우 주위에서 일어나는 일에 관심을 주는 것은 에티켓에 어긋나는 행동으로 간

주되기도 한다. 그게 오늘의 실태인 것이다.

여기에는 '우리'가 필요 없다. '나'와 '너'만 있으면 된다. 그것도 함께 있는 것이 아니고 확연히 따로 있어야 한다. 이렇게 혼자의 상태일 때에 무한한 자유 속에서 행복을 누리는 부류가 많아졌다. 그들은 아무런 방해도 받지 않으려 한다. 제 혼자 꿈을 꾸어도 되고, 나름의 희망을 가져도 된다. 이를 두고 혹자는 인간미가 없다고 타박할지 모르나 그 타박도 혼자라는 이 기막히게 좋은 현실을 넘어서는 항목이 못 된다. 왜냐하면 그들은 그 분위기에 한없이 만족해하고 있기 때문이다.

흔히 한 가정의 여인은 남편을 보호하기 위한 울타리를 치는 슬기로움이 있어야 한다고 말하면서, 남편을 가두기 위한 그물은 짜지 말라는 주문을 한다. '울타리'와 '그물'은 어떻게 다를까. 어떠한 것을 안에 있도록 하는 시설도 어떻게 인식하느냐에 따라 이렇게 다를 수가 있다. 보호한다는 개념과 가둔다는 개념은 엄청난 차이가 있기 때문이다. 이 미묘한 차이 앞에서 사람들은 분별하는 시각을 잃은 채 서운해 하고 슬픔에 떨어지고 절망에 빠지기도 한다.

어느 여인이든 제 남편이 성공하기를 바라지 않는 사람은 없을 것이다. 그 성공 안에서 함께 행복하기를 바라는 게 부부이고 가족이다. 그래서 현명한 주부에게 울타리를 요구한다.

주위에서 엄습해 오는 악의 무리를 막아주고 남편이 편안하게 업무수행을 하여 한 가족의 행복이 꽃피도록 지켜주는 울타리. 이는 옭아매는 그물과는 다르다. 여럿을 하나로 묶는 행위도 그 목적에 따라 커다란 인식의 차이가 나타난다. 같은 현상을 두고 바람직한 쪽으로 인식하는 삶이 현명한 삶이다.

하나의 그물코를 매는 순간 한 가정의 불행은 시작된다. 남편을 가두는 그물을 짜는 사람은 남편의 일거수일투족까지 알아야 하고 관리해야 되는 것으로 생각한다. 참으로 불행한 사고이다. 소중한 부부는 긍정적인 사고 아래 진정한 의미의 '우리'가 되기를 소망한다.

둘 이상을 하나로 아우르는 '우리'에서 가두는 개념은 떼어내고, 보호의 개념만을 한가득 채운 세상이면 얼마나 좋을까. 세상은 그렇게 굴러가야 하는 게 아닐까.

두더지

녀석들과의 조우는 작년 겨울부터다. 전혀 예기치 않은 녀석들의 출현이었다. 처음에는 흙무더기를 보고 들쥐들의 소행이려니 했다. 겨울잠을 자는 것으로 여겼던 두더지를 떠올린다는 것은 정말 무리였다. 김장배추를 뽑고 좀 부실한 것들은 봄채소로 먹겠다고 밭에 놔뒀는데, 어느 날부턴가 포기 사이에 흙이 모아지는 거였다. 배추 포기 사이로 도도록이 솟아오르는 흙을 바라보면서 별난 들쥐도 다 있다 싶었다.

봄이 되어 밭에 씨앗을 뿌리고서야 이게 두더지들의 소행이라는 것을 겨우 알아차렸다. 흙을 편편하게 고르고 씨앗을 뿌린 다음날 아침 텃밭에 나가보니 녀석들은 활개치고 다닌 흔적들을 남겨놓았다. 마치 가을하늘을 가로질러간 비행기 흔적처럼 길이 나 있었다.

시골에서 자란 나는 놈들에 대해서 어느 정도 알고 있다. 새벽부터 남새밭에 나가 두더지를 기다리시던 아버지의 옆엔 으레 내가 있었다. 수선 피우는 나를 쫓기 위해 아버지는 손사래를 치셨다. 어쩌다 녀석을 잡은 날이면 아버지는 개선장군처럼 밭에서 나오셨다. 그리고는 잡은 두더지를 시뻘건 아궁이불에 구워서 자식들의 입에 넣어주셨다. 밤눈이 밝아진다는 명목이었으니, 굳이 거절할 이유도 없었다.

새 집을 짓고, 나머지 땅에 성토를 하여 텃밭을 만들었다. 텃밭임을 유념하여 좋은 흙을 부어주었으면 좋으련만 자갈이 태반인 흙을 부려놓았다. 항의하자 일하는 사람은 장비를 들여 돌을 골라내겠다고 나를 안심시켜 놓고는 유유히 사라졌다. 어쩔 수 없이 한 해 동안 돌멩이를 주워내고 퇴비를 쏟아부었다. 얼마 후 지렁이가 찾아오기 시작했다. 지렁이는 식물질 양분을 섭취하기 위해 부식토를 취하게 되는데, 그때에 흙 속에 박테리아를 배양하게 되어 작물에 가장 좋은 토양을 만든다. 그러니 텃밭이 이제는 남새밭으로 태어난다는 징조였다. 날이 갈수록 밭에는 지렁이의 수가 늘어갔고, 여기저기 지렁이 똥이 올라와 있었다.

그런데 두더지가 나타난 것이다. 녀석은 돋아난 새싹의 뿌리를 허공에 띄워 착근을 방해했다. 싹을 밀어올린 작물들을 말라죽게 하는 것이었다. 나는 서서히 아버지의 흉내를 내기 시작했다. 기억 속에 어렴풋이 남아 있는 아버지와의 추억을 떠올리며 새벽부터 남새밭으로 나갔다. 손에 삽을 들고 녀석이 나타나기를 기다렸다. 한참을 숨죽이며 기다리니, 녀석이 나타났다. 순간 다가가 삽으로 녀석이 있는 곳을 파 던졌으나 허사였다. 녀석은 없었다. 간 곳이 없다. 참으로 귀신같은 놈이다. 여러 차례 녀석과의 긴장이 있었으나 매번 나의 패배로 끝이 났다. 몇 차례 실패 끝에 두더지는 뒤로 도망치는데 명수라는 것을 알았다.

다시 두더지가 나타났다. 녀석이 가고 있는 방향의 뒷부분을 공격했다. 적중이다. 내가 흙을 파서 내던지자 그와 함께 두더지도 내팽개쳐졌다. 땅에 떨어지자 둥근 몸통을 좌우로 비틀며 도망을 시도한다. 녀석을 때려잡고 한참을 바라본다. 그 비단결 같은 털, 짧은 다리, 넓은 발바닥, 뾰족한 주둥이, 틀림없이 어린 날 보았던 두더지다.

밭에는 두더지가 더 있었다. 지난해에 새끼를 친 모양이었다. 한두 마리가 아니었다. 결국 나는 매일 아침 녀석들과 전쟁을 치르는 의식을 가져야 했다. 이 일은 한 달을 두고 진행

되었다.

일상에 지쳐서 이제는 모두 포기해야겠다며 사무실에서 나온 날이었다. 이른 새벽부터 추적추적 내린 비로 동네 입구 식당은 사람들이 그득했다. 나도 같이 술에 절었다. 세상의 걱정은 다 짊어지고 술집에서 나와 집으로 향했다. 비는 그쳤고, 남새밭 앞에 서니 두더지 자국이 내 근심걱정처럼 여기저기 엉켜 있다. 작물을 다 뒤집어 놓았다. 왜 하필이면 녀석들은 내 밭에만 찾아올까. 옆 밭은 파종하지 않아 마구 뒤집고 다녀도 뭐라 할 사람도 없는데, 굳이 죽음을 무릅쓰고 내 밭으로 오는 까닭은 무엇일까. 지렁이였다. 그들의 선호 먹이인 지렁이가 많기 때문이었다. 퇴비를 하고, 음식물 쓰레기를 묻으면서도 농약을 치지 않아서 지렁이가 부쩍 늘어난 탓이었다. 먹이를 구하기 위해 목숨을 걸고 도전하는 두더지. 지향하는 바를 달성하기 위해 끊임없이 노력하는 저들을 나는 왜 무너뜨리려고만 했을까.

두더지보다 열심이지 못한 자신이 보이면서 문득 부끄럽다는 생각이 밀려왔다. 조그만 장애가 있어도 이내 포기하고 마는 나와는 달리, 치열한 삶이 저들에게는 있지 않은가. 제 가족이 벌써 몇이나 목숨을 잃었는데도 그들은 그 위험지역을 끝까지 고집하며 공격을 시도하고 있다. 큰 수확을 위해서는 그만큼 부담이 따른다는 것도 그들은 안다. 걸어볼 만한 가치가 있다면 기꺼이 목숨도 걸며 달려드는 저들의 용기에 비하면 나는 참으로 허우대만 큰 미미한 동물이다. 그들 앞에 나는 비교조차 할 수 없이 작은 미물인 것이다. 조금 전에 마신 술이 화들짝 놀라며 역류한다.

음식물 쓰레기에서 간기를 뺀 나는 그들의 은거지인 바윗돌에서 가장 가까운 옆의 밭에 묻었다. 그리고 내 밭에 있는 지렁이를 수집하여 그곳으로 이주시켰다. 바윗돌에서 음식물이 묻힌 곳까지 흙을 일구면서 나는 이 음모가 틀림없이 성공할 것이라는 확신에 차 있었다.

곡선의 힘

지금도 노을처럼 외로움이 밀려오면 내 사유는 어김없이 고향으로 달려간다. 어찌나 빠른지 눈을 감는 순간 고향집 뒷산 기슭에서 노니는 아이를 발견하게 된다. 좀 후에 고개를 들면 어느새 냇가의 풀숲을 뒤져 미꾸라지를 움켜쥔 채 너털웃음을 웃고 있다. 참으로 즐거운 모습이다.

봄눈 녹기가 무섭게 솟아오른 새싹들 속에서 싱그러운 찔레순을 찾아 입에 문다. 버들피리도 불어본다. 엊그제 잡은 다람쥐 새끼는 내 등을 오르내리고, 쳇바퀴에 올리면 한나절은 족히 내려오지 않는다. 한참을 지켜보다 뒷산으로 올라가 꾀꼬리 둥지의 뽀얀 알들을 훔쳐본다. 기겁을 한 어미 새가 달려들어 내 뺨을 때린다.

두근거리는 가슴으로 솜털 벗는 할미새 새끼를 지켜보노라면 어느새 염제炎帝는 우리 곁에 와 있다. 더 이상 염제에 시달리지 않으려 냇물로 뛰어든다. 물장구치며 중태기와 놀다가 그도 심심해지면 얼기미 대고 갯가에 붙어 새뱅이를 훑는다. 그러다 허기를 느끼면 밭으로 숨어들어 참외서리로 빈속을 채운다.

우리의 악동질은 모두가 무르익어 넉넉해진 인심으로 덮어진다. 열매 맺어 익어버린 과실은 우리에게 서리를 멈추게 하고, 가을을 즐기게 한다. 누구랄 것도 없이 호주머니에는 알밤이 그득하고, 입에는 언제나 홍시가 물려 있다. 배가 부르니 즐기는 것이 벌레 소리다. 땡볕 속에서 매미는 마지막 삶을 서럽게 풀어내고, 가을밤엔 귀뚜리가 홀로 있는 사람의 가슴에 그리움을 쏟아 붓는다.

가슴에 고인 그리움은 추위 앞에서 얼어붙는다. 겨울은 그렇게 봄을 기다리며 깊어 가는가. 얼음이 동동 뜬 동치미 국물 한 대접이면 겨울밤은 충분하다. 그도 따분하면 초가집 처마 끝을 뒤져 참새를 잡고, 출출한 배가 엄살을 떨면 친구 집 씨암탉을 서리해 같이 삶아 먹고, 억울해 하는 친구 모습에 웃다보면 겨울밤은 저만큼 물러난다.

이때까지만 해도 늘 자연 속에서 아주 풍요롭게 살았다. 그러나 이 삶은 진학을 위해 도회지로 나오면서 여지없이 무너졌다. 사람과의 관계를 부드럽게 하지 못했다. 사람들과 원만히 관계하지 못하고, 철저하게 외로움 속으로 밀쳐져 허덕여야 했다.

진학을 위해 나온 도회지는 전혀 다른 곳이었다. 자동차의 행렬도 신기했지만, 거리로 밀물져 나오는 영화관의 확성기 소리는 말수가 적은 나를 주눅 들게 하였다. 모두가 큰소리, 큰 동작뿐이었다. 솔직히 말하면 나는 그런 것들에 기죽어 있었다. 늘 조용한 것, 없는 듯이 있는 작은 것들과 어울려 살던 내게 이런 것들은 공포였다. 매일 나는 겁에 질린 아이가 되어 세상과의 관계에 피곤을 느끼고 있었다.

그나마 나의 중고등 학창시절은 양계가 있어 다행이었다. 도회지의 변두리에서 양계를 하며 학교를 다녔다. 새벽에 눈을 뜨면 닭장으로 가서 전날 하교하여 베어온 풀을 썰어 모이와 비벼주고, 주말이면 닭똥 치우기에 시간을 다 소모했다. 그러니까 나에게는 여가를 즐긴다는 것이 사치였다. 친구들과 어울려 영화를 본다든가 여행을 한다든가 하는 것은 꿈도 꾸지 못하였다. 수행여행이 뭔지 나와는 관계없는 일이었다.

대학생이 되어서도 독학하며 자취를 하였다. 학교를 다니면서도 출판사의 직원으로 일을 했다. 교정을 하고, 편집을 하고, 발송을 해야 했다. 그러니 수업을 받다가도 뛰어나와서 일을 갈무리해야 했던 것이 나의 대학생활이다. 그러니 친구들과 우정을 쌓고 낭만을 즐긴다는 것은 상상도 할 수 없는 처지였다. 익힌 잡기가 하나도 없는 것은 그 때문이기도 하다.

내게 달라붙은 외로움은 사회인이 되어서도 떨어지지 않았다. 고향에서 뚝 떨어져 나와 섬으로 유배되어 살았으니, 참으로 외로운 존재였다. 어쩜 나는 태생적으로 외로움을 뒤집어쓴 미운 오리새끼인지도 모른다. 늘 혼자라는 생각, 늘 외롭다는 생각 속에서 살아야 했다. 그게 나였다. 이런 삶 속에서 내가 가장 고뇌해야 했고, 고통스러웠던 것은 사람과의 관계였다.

그것은 내 삶의 질과 가치를 결정하는 것이었다. 그것은 그리 용이한 일이 아니었다. 언제나 주의하고, 고민하면서 대처해야 할 일이었다.

사람과의 관계를 이어주는 것은 역시 선線이었다. 이 선이 어떻게 닿아 있느냐에 따라 인간의 관계는 현저한 차이를 보인다. 더러는 선으로 이어도 주고, 선으로 갈라도 놓는 것이 사람이었다. 고민 속에서 나는 선에는 직선과 곡선이 있음을 발견했다. 마음이 조급하여 최단의 거리이고, 최선의 길이라고 인식하며 내달린 직선은 언제나 부딪힘을 낳고, 무참히 부러지게 된다는 사실도 터득하게 되었다. 내 시야에는 곡선들이 우글거리기 시작했다. 소금을 맞은 미꾸라지처럼 곡선은 내 눈 앞에서 꼬물거리고 있었다. 곡선 앞에서 현기증이 일었다. 직선은 이미 내 눈에는 없었다.

눈발 속에서

이미 찬바람은 몸을 탐하고 있었으나, 나는 미처 알지 못했다. 그냥 겨울이면 찾아오는 추위려니 했다. 더구나 남쪽 끝 섬에서 지내다가 서울에 올라왔으니 체감되는 추위는 당연히 있을 것으로 여겼다. 으스스 밀려오는 오한은 기온 차 때문일 것이다. 찬바람의 기습에 모종의 대처가 필요할 것이라고는 전혀 생각하지 않았다.

나의 몸에 온갖 기계를 들이댄 의사는 종내에는 의외의 결론을 내렸다. 폐렴이라는 것이다. 그 결론과 함께 나는 링거줄에 꽁꽁 묶이고 병실에 영어되는 몸이 되었다. 실은 이러자고 상경한 것은 아니었다. 정기검진 결과 조직검사를 해 보는 게 좋겠다는 진지한 의사의 권유에 응했을 뿐이다. 하지만 조직검사 전에 폐렴이 찾아와서 침상에 눕고 말았다. 의사는 체온만 내려가면 계획대로 조직검사를 하자고 할 것이다.

병상에 누워 깊은 상념에 젖는다. 이까짓 폐렴이야 별거 아니지만, 바로 '악성' 운운하며 병명이 제시될 경우 어떻게 대처해야 한단 말인가. 방사능 앞에 무너져 내릴 자신의 모습이 괴성을 지르며 스쳐간다. 내 지금껏 하던 일이야 버리면 그만이겠지만, 남아 있는 자들의 가슴에 뚫린 구멍은 어떻게 메워야 할지. 희미한 시야로 병실의 흰색이 들어온다. 온통 하얗다. 그 도배지에 시선을 얼마나 주고 있었을까. 별안간 벽의 하얀 도배지가 희미한 산속의 설경으로 바뀐다. 흐릿하게 먼데서 바라본 숲 속처럼 설화 핀 나뭇가지도 보인다. '순은純銀의 천지' 외에는 다른 표현이 불가하다.

훈련소에서 교육을 마치고, 끌려온 곳이 강원도의 한 보충대였다. 한 끼 먹고, 사역하고, 때가 되면 다시 한 끼 먹는 우리의 대기생활은 전쟁포로나 다름이 없었다. 언제 어디로 팔려갈지 모르는 초조한 나날이 계속되었다. 가끔은 불안감을 추위가 덜어내 주었다. 강가에 나가 무를 닦고, 배추를 씻다 보면 추위가 나를 독차지했다. 그러면 어디로 팔려갈지 모르는 불안감을 잠시 내려놓을 수 있었다.

한 주일의 초조함 끝에 배속명령이 떨어졌다. 전혀 알지 못하는 곳이었다. 오후 시간이 깊어지자 우리 다섯 명은 한 덩어리가 되어 전령의 손에 넘겨졌다. 더블 백을 등에 메고 우리는 눈 속을 무작정 걸었다. 먼 데서 얼음장 깨지는 소리가 들려왔다. 느닷없이 허기가 느껴졌다. 찬바람에 밀려온 눈발은 볼에 차가운 기운을 더했다. 볼을 타고 흐르던 땀방울에 한기가 보태졌다. 문득 무서운 생각이 들었다. 마른 입술을 혀로 축이자 소금기가 진하다. 그래도 옆에 같이 가는 사람이 있다는 것이 천만다행이었다. 그들의 입김이 그리 좋을 수가 없었다.

고갯마루를 하나 넘으니 밤으로 이어지고 있음이 분명했다. 눈발은 날렸지만 유난히 달빛이 밝은 밤이었다. 겁에 질린 나는 하늘의 별을 바라보며 방위를 가늠해 보았다. 틀림없이 북으로 향하는 것 같기도 했고, 동으로 방향을 튼 것 같기도 했다. 도대체 나는 어디로 가고 있는 것인지 알 수가 없었다. 전령은 별다른 말이 없이 걷기만 계속했다.

그가 천천히 걸으면 우리는 따랐고, 빠른 걸음이면 역시 종종걸음으로 뒤를 좇았다. 밝은 달빛으로 인하여 눈발이 머리를 풀고 줄달음치는 것이 보였다. 어느 것은 곤두박질치고, 또 어느 것은 유순하기 이를 데 없었다. 눈발은 야릇한 분위기를 조성했지만, 아무도 그 분위기를 즐기는 사람은 없었다. 오직 꿋꿋하게 걸을 뿐이었다. 속이 탄 나는 겁에 질려 전령에게 용기를 내었다.

"요 너머가 비무장지대입니까?"

전령의 웃음이 하얗게 부서졌다.

"와 무섭나? 지난달에는 졸던 보초병 녀석의 목을 베어갔다."

사실 나는 이 전령이 불안했다. 우리를 비무장지대 안으로 밀어 넣을지도 모른다는 생각이 들었다. 또 북쪽의 아이들과 내통하여 우리를 넘길지도 모른다는 불안감도 일었다. 내가 의아한 눈빛으로 그의 대답을 기다리자, 그는 내 머리에 꿀밤을 메기고는 다시 웃었다.

시야를 가늠할 수 없을 정도로 내리는 눈은 우리의 방향감각을 앗아갔다. 세상이 이런 데도 있었나 싶게 생소했다. 눈이 내리고 있는 산야를 올려다보면 그 산은 하늘 속으로 숨기도 하고, 달이 산 뒤로 숨기도 하였다.

한 고개를 넘으면 더 큰 것이 기다리고 있었다. 온 천지가 순은으로 덮인 깊은 산속을 끝없이 걸었다. 이따금 나타나는 부대의 불빛을 바라보며, 이제 다 왔구나, 안도했지만 그곳도 아니었다. 그냥 스치고 가는 것이었다. 자꾸만 깊은 산속으로 들어갔다. 산의 높이도 자라는 듯이 느껴졌다. 한번 바라볼 때마다 한 뼘씩은 자라는 게 분명했다. 점점 산이 높아지며 공포로 내게 다가오기 시작했다. 내가 떨고 있는 것은 추위 때문만은 아니었다. 이 길은 언제나 끝이 나려는지, 또 그 끝에는 무엇이 있는지 모른다는 것은 아주 큰 고통이었다.

분명 내가 가고 있는 이 길의 끝은 비무장지대이거나, 북쪽의 어느 땅굴 입구가 될 것이라는 추측이 나를 더 무섭게 만들었다. 초년병시절 배속될 때 겪었던 공포의 추억에서 벗어난 것은 간호사의 부드러운 목소리에 의해서였다.

"열이 내렸네요. 이제 조직검사를 해도 되겠어요."

조직검사. 조직검사. 조직검사. 그래 난 내 몸속에 달라붙어 있는 균이 무엇인지 파악하기 위해 이곳에 와 있었지. 이 검사를 마치면 눈 속으로 끝없이 헤매던 시련의 세월이 끝이 날까. 오히려 눈이 훨씬 더 쌓인 깊은 산 속으로 빠져드는 것은 아닐까. 그 산 너머에는 내가 누울 수 있는 한 평의 땅이 준비되어 있을 것이고, 그곳이 내가 마침내 멈춰야 할 곳은 아닐지.

스르르 마취되어 가는 의식 저쪽으로 의사의 목소리가 멀어져 간다.

똥 꿈

음주 탓이었을까. 자다 깨기를 여러 차례 했다. 그때마다 코를 많이 골았다는 생각을 했다. 목이 갈갈하고 약간의 통증까지 느껴졌다. 요즈음 음주 후에 자주 느끼던 현상이다. 이제는 음주한 날은 으레 코를 곤다는 생각을 아예 가지고 산다.

두 번이나 잠에서 깨어나 목의 이상을 달래다가 다시 잠이 든 것 같다. 그런데 그 짧은 잠결에 이상한 꿈을 꾸었다. 속이 불안한 나는 골목길을 걸어가면서 대변의 충동을 풀어냈다. 바지를 어떻게 했는지는 기억에 없고, 나는 남들이 없는 골목길을 걸어가면서 아랫배에 가득한 삶의 찌꺼기들을 쏟이내고 있었다. 마치 염소가 걸어가면서 콩알 같은 변을 쏟아내듯이 나도 그것을 덜어냈다.

이상한 것은 배변을 하면서도 속이 시원하다거나 터질 것 같았던 불안감이 말끔히 제거됐다거나 하는 느낌이 없다는 거였다. 속이 불안하여 견디기 힘들어 쏟아내기 시작한 일이 나에게 준 쾌감은 전혀 없었다. 그런 동작을 하며 골목길을 빠져나올 때에 등 뒤에서 나를 불러 세우는 노파가 있었다. 그 목소리는 아주 부드러웠으나 단호했다.

"길에 똥을 싸셨군. 다 치우시지."

순간 꿈속에서도 나는 부끄러웠다. 다행히 모자를 쓰고 있어서 고개만 들지 않으면 나의 얼굴이 노출되지 않을 것 같았다. 노파에 이끌려 나는 내가 빠져나온 골목길을 되돌아가야 하는 신세가 되었다. 되돌아가다 보니 떨어진 똥 덩어리가 서너 개가 보였다. 둥그렇게 모양도 없이 퍼질러 놓은 것도 있고, 묘하게도 나무토막처럼 각이 져서 나뒹굴고 있는 것도 있었다.

신문지를 구해 모두 주워 담아 버려야겠다는 생각을 했다. 신문지를 펴 놓고 그것을 집게로 담으려하자 노파는 내게 '네 똥인데 뭘 그러노?' 하며 손으로 담아 주는 것이었다. 나는 그녀의 지시대로 손으로 그것들을 신문지에 싸지 않을 수가 없었다. 신문지에 싼 똥 덩어리를 끌어안고 나오는데, 골목의 끄트머리에 오니 다른 사람이 퍼질러 놓은 것이 보였다. 나는 그것을 바라보면서 후회를 했다. 내가 못된 짓을 했으니 남이 누운 똥까지 치워야 하는 신세가 되었던 것이다. 그것을 한참 바라보면서 갈등했다. 내가 누지 않은 것인데 치워야 하나, 말아야 하나. 앉지도 못하고 신문지로 싼 똥 덩어리를 끌어안고 서서 고민을 하다가 나는 겨우 꿈에서 빠져나왔다.

정말 희한한 꿈이었다. 내가 골목의 중간쯤에 왔을 때는 노파가 내 곁에서 없어졌지만 나는 내게 주어진 벌을 끝까지 감내하고 있었다. 그리고 그것을 치우면서도 고민하고 부끄러워하고 일의 방법을 모색하며 순순히 임하고 있었다.

꿈에서 나와 한참을 생각에 잠겼다. 도대체 무슨 꿈일까. 죄 많은 내 삶에 대한 지적은 분명하고. 내 손으로 직접 치우라 한 것을 보면 나의 업보는 내가 받아들여야 한다는 계시임도 분명하고. 그런데 내가 눈 것이 현실의 것과 같았던 처음의 것은 그렇다 쳐도 나중에 각목처럼 되어 있던 것은 뭐지? 여하튼 희한한 꿈인 것만은 확실하다.

사실 이번 여름휴가는 고뇌 속에서 살았다. 저서라도 한 권 쓰려던 계획도 모두 무너지고 온갖 잡념에 싸여 살았다. 아무 일도 할 수가 없었다. 신뢰하고 믿었던 사람에게서의 배신과 상식 이하의 행동으로 나는 이미 공황상태로 추락해 있었다.

정말로 인간이 이런 것이라면 인간이고 싶지 않았다. 마음을 다스리고 겨우 일을 해 보려 하면 그 생각이 떠올라 견딜 수가 없었다. 결국은 일을 포기하고 자리를 차고 일어설 수밖에 없었다. 지독한 고통 속에는 언제나 술이 옆을 지켜 주었다.

모든 것은 내 탓이다. 내가 벌여놓은 삶의 흔적은 내가 치워야 함은 당연하다. 그것을 아무 데나 내던지고 만 것은 옳은 처사가 아니다. 이제 적극적으로 내 흔적을 내 손으로 주워 담는 일에 전념해야 할 것 같다. 그래야 지난 세월에 대한 책임 있는 자의 행동이리라.

이렇게 나 자신을 다독이는 데도 풀리지 않는 것이 있다. 골목의 끄트머리에서 만난 타인의 것은 어쩌란 말인가. 내가 치워야 하는 일인지, 말아야 하는지. 풀숲에 움푹움푹 들어앉아 나의 시선을 끌었던 그것들. 그것들은 내게 어떤 존재일까. 갈등을 하다가 치우진 않고 꿈에서 깨어났으니 어쩜 남의 몫에 대해서는 간섭도 말고 욕심도 내지 말라는 계시인 것 같기도 하다. 그래야 앞에서 내가 한 일은 내가 해야 한다고 했던 것과 일치되는 것 같기도 하고.

잠결에 일어나 꿈속의 상황에 깊이 빠져든다. 그리고 지나온 날들에 대해 성찰하고 내가 갈 길의 방향키를 잡는다. 내가 한 일은 내가 책임져야 함은 당연한 것을, 이제껏 나 자신에 대해 적극적인 의식이 없이 살아온 것 같다. 나의 일은 내가 갈무리하고 나의 것에 대한 애정도 적극적이되 남의 것에 대해서는 일체 관여치 않는 삶을 꾸려야겠다는 생각이 이 순간 고개를 든다.

이런 꿈 풀이를 하고 일어서려는데, 느닷없이 '똥 꿈'을 꾸었다는 생각이 든다. 그래, 똥 꿈이었어. 그것도 내가 끌어안고 내려놓지 않은 상태로 꿈에서 나왔으니, 이건 대단한 똥 꿈이야. 어느새 나는 복권을 사야겠다는 생각에 설복 당하여 문을 밀치고 나서고 있었다.

ㄴ ㄱ ㅁ ㅇ

사람은 하수도과라면, 자음은 상수도과다. 사람은 밑으로 나왔고, 자음은 위로 나왔다. 이 모두는 태생근본이 인체이다 보니 어딘지 모르게 닮아 있다. 하수도로 나온 사람은 변덕이 심하고 신경질적이다. 그래서 사람을 본 뜬 'ㅣ'는 자주 좌충우돌하며 문제만 일으키고 다닌다. 이에 반해 자음은 상수도로 나온 자답게 나름 가지고 있는 성질을 견지해가면서도 상황에 따라 융통성도 발휘한다.

ㄴ만 보아도 그렇다. 제 조상이 혀이다 보니 수다가 심하다. 늘 수다방에 앉아 남의 이야기에 정신이 없다. 동네 사람 누구하나 ㄴ과 싸우지 않은 자가 없음은 당연하다. 언제나 날카롭

게 혀를 놀리니 화를 부른다. 그래도 다행인 것은 버릇없이 눕지는 않고 꼿꼿이 앉아 있다는 사실이다. 앉은 자세를 언제나 지키고 있는 만큼 수다 떠는 버릇은 좀처럼 변하지 않는다. 언제 어디서 누구를 만나든 줄기차게 혀를 놀린다. 그러다 보니, 싸움이 잦기는 ㄱ에 뒤지지 않는다. 동네 싸움에는 으레 ㄴ이 끼어 있다.

ㄱ은 제 조상이 어금니라서 그런지 씹어 갈아대는 버릇이 있다. 걸렸다 하면 맷돌에 갈듯 상대를 가루로 만들고 만다. 하지만 ㄴ처럼 수다를 떨지 않으니, 주위에 미치는 영향이 별로 나타나지 않아 다행이다. 여럿이 동무하다가 제 모습을 들켜 반쪽만 글자로 나타난 것이 쑥스러웠는지도 모른다. 그래도 절충하고 양보하지 못하는 제 성질은 어디 가랴. 이처럼 ㄱ은 제 생각과 다르면 누구와도 충돌한다. 제 성질을 이기지 못하면 양쪽 끝으로 세상 누구와도 다툰다.

아무리 개성이 강하여 다툼이 잦다 해도 이들은 태어난 고향이 입안이라는 것을 잘 안다. 향우회에서 만날 때면 언제 그랬냐 싶게 어울린다. 한마음이 되면 이들은 포옹한다. 아주 뜨겁게 끌어안고 입술을 포갠다. 사람이 마음을 나누는 데는 입술만 한 것이 또 어디 있으랴. 그 입술에서 나온 것이 ㅁ이다. 둘이 합하니 나쁜 마음이 있을 리 없다. '꿈, 기쁨, 웃음,

즐거움, 춤…' 어느 하나 나쁜 게 없으니, 흥이 절로 솟고 어깨가 들썩인다. 한마음 한뜻이 되니 ㄱ과 ㄴ의 날카로운 개성은 사라지고 자연히 정분이 움텄다.

서로 화합하고 신뢰하며 손을 맞잡은 ㅁ. 서로를 받아들이고 노래한다. 여기서 샘솟는 사랑. 이렇게 충만해 오는 사랑은 조금씩 부풀어 ㅁ의 모서리마저도 부드럽게 녹인다. 입술을 포갠 감정은 서서히 뜨거워져 목구멍으로 넘어간다. 여기에 이르면 자연스럽게 ㅇ이다. 감정이 목구멍을 타고 뱃속을 향하니 무엇이든 다 받아들이는 부드러움과 너그러움을 얻는다. 아무리 건드려도 반응하지 않고 수용한다.

자음들은 오늘도 내게 말한다. 아마 이 나이가 되어서도 부드럽지 못한 내가 안타까운 모양이다. 둥그런 목구멍이 드러나도록 웃고 있다.

"으그, 이 하수도과야."

다시 삽목을 하며

삽목을 한다. 늘 해 오던 일이지만 각오를 달리한다. 집을 마련하고 정원을 꾸미기 위해 일찌감치 삽목판을 만들기는 했다. 벽돌로 테두리를 만들고 모래가 흘러나가지 않도록 배려하였다. 뿐만 아니라 모래 속에 있는 불순물을 없애기 위해 깨끗한 물에 모래를 빨아 채웠다. 이만한 삽목판이면 얼마든지 구해온 삽수를 키울 수 있으리라 생각했다.

하지만 그게 아니었다. 나는 벌써 몇 차례 실패를 거듭하고 있었다. 삽수를 판에 꽂고 물을 주며 정성을 들인다. 어느 정도 뿌리가 내릴 시기가 되었다고 안심할 때쯤이었다. 이른 아침, 조로에 물을 가득 담아 삽목판에 갔을 때 나는 낭패하고 말았다. 누군가가 판을 완전히 뒤집어 놓고 간 것이다. 이제 겨우 삽수에서 뿌리가 서너 개 내린 상태인데, 그것을 송두리째 뽑아놓은 것이다.

낭패한 나는 치밀어 오르는 부아를 꾹 누르며 누구의 짓인가 살펴보았다. 뒤집어진 모래 속에는 삽수가 나뒹굴고 있었고, 더러는 똥 덩어리가 섞여 나왔다. 분명 고양이 똥이었다. 같이 살자며 아침저녁으로 먹이도 챙겨주었는데 이런 못된 짓을 해 놓았다. 결국 삽목판을 망가뜨린 범인은 고양이임을 알았지만, 어떻게 막을 방도가 없었다. 그렇다고 당장 고양이를 없앨 수도 없었다. 들판 한가운데에 집을 지었으니 들쥐의 접근도 막으려면 고양이가 필요했다. 오직 한 방법은 삽목판 앞에서 매일 쭈그리고 앉아 고양이를 지키는 것인데 그럴 수도 없는 노릇이다.

어떠한 방도도 마련하지 못한 채 다시 삽수를 구해 꽂는 수밖에 없었다. 그러나 정성을 들여 키워 놓은 삽수를 한순간에 망쳐 놓는 고양이에게 좋은 감정을 가지고 살기는 어려웠다. 물론 고양이가 애당초부터 삽목판을 망치고자 한 것이 아님은 안다. 고양이는 배설의 생리를 모래에서 해결하기 때문에 빚어지는 현상이다. 본래 삽목판을 망치려는 의도는 없었지만, 그것이 꺾꽂이를 하는 내겐 얼마나 커다란 아픔인지 녀석들은 헤아려주지 않는 것이다.

번번이 고양이에게 당하고만 있을 수는 없었다. 내 나름 녀석에 대한 견제를 하기 시작했다. 철망으로 에워싸서 고양이가 들어갈 수 없도록 했다. 이제는 제대로 삽목을 할 수 있을 것 같다. 여기저기 다니면서 구해 온 귀한 삽수들에 오늘도 정성을 다한다. 좀 뿌리가 내리면 제 홀로 구실을 할 수 있도록 정원으로 옮길 것이다.

철망 안에서 튼실하게 자라고 있는 삽수를 바라보며 지난날의 아픔을 떠올린다. 비록 내게 피해를 줄 생각은 아니었다 해도 당하는 쪽에서는 얼마나 커다란 낭패였던가. 지금처럼 철망을 칠 생각을 못하고 삽목을 관리한 지난 세월이 후회된다. 그리고 그때 무참히 뽑혀버린 삽수들에게 한없는 미안함이 이는 것은 왤까.

오늘도 삽수를 꽂으며 고양이의 훼방을 받지 않고, 온전히 자랄 수 있기를 소망해 본다. 그리하여 이것들이 정원을 아름답게 꾸미는 날엔 나도 한가로운 마음이 되어 취흥에 젖어보고 싶다.

비를 받아들이자

비가 내린다. 오랜만에 비가 내린다. 창문을 열자 빗소리가 들려온다. 그러나 비는 끝까지 내게로 오질 않고, 저만치서 멈춰 서 있다. 그리고는 누군가와 대화한다. 서로 주고받는 소리가 조용히 내게까지 들린다.

어스름이 찾아온 창가에 앉아 한참을 주시한다. 그러나 그들의 모습은 잘 보이지 않는다. 그냥 저만치 서 있다는 것을 짐작으로 눈치채도록 소리만이 들려올 뿐이다. 외등을 켜고 앉아 바라본다. 빗줄기가 풀을 향해 다가서는 모습이 보인다. 정원 저쪽의 나뭇가지에도 가는 모습이 보인다. 분명 그들은 내게 오지 않고 저만치 물러서 있다.

느닷없이 도로를 지나는 자동차 불빛이 내게로 와서 심술은 떤다. 순간 빗소리들도 모두 도망친다. 하지만 자동차의 불빛이 사라지고 내 시야가 정상으로 돌아오자 빗소리는 저만치에서 희미하게 되살아나고 있다. 문득 외로움이 밀려온다.

빗소리는 나무숲으로 잦아들고, 푸성귀 속으로도 숨어든다. 세상 모든 것들과 속내를 이야기하고 위로를 주고받는다. 창가에 앉아 아무리 그들이 내게로까지 와 주길 기다리나 그들은 고개조차 돌리지 않는다.

멀리 바다를 바라본다. 불빛이 수면 밑으로 고층 건물을 만들고 있다. 쭉쭉 뻗은 불빛은 조금 동요하는 듯하다가 문득 멈추기도 한다. 그러나 무언인가와 함께 놀고 있음이 분명하다. 흔들리며 반응한다. 어쩜 빗방울과 어울리고 있을지도 모를 일이다.

왈칵 외로움이 밀려온다. 아무도 내게로는 오지 않는다. 심연을 알 수 없는 외로움이 내 가슴 그 밑으로 차갑게 내려앉는다. 그 외로움은 서러움으로 둔갑하여 나를 못살게 군다. 더 이상 견디기 어려운 지경에 떨어지고 만다. 문득 비를 받아들이려면 내가 나서야 한다는 생각이 고개를 든다.

—그래, 비를 받아들이지. 우산도 지니지 말고 그냥 나가서 비를 받아들이자.

문을 열고 나선다. 뜰로 내려서자 그들이 나를 반긴다. 그동안 어디 가 있었느냐 호들갑이나 떨 듯 내 몸뚱이를 핥기 시작한다. 내 몸은 그의 애무로 흠씬 젖어 버린다. 머리에서 뚝뚝 떨어지는 끈끈한 액체를 음미하며 나도 깊은 사념에 빠진다.

소나무야

소나무야, 소나무야.

오늘은 네가 내 푸념을 들어줄 차례인가 보다. 이 이야기는 한 순간 내가 이상한 생각이 들어 네게 하는 말이 아니다. 이 가을이 지나가는 동안 고민 끝에 겨우 용기 낸 것이니 이해해 주렴.

전에는 내가 네게 얼마나 호감적이었는지 너도 잘 알지? 네가 들판에 서 있을 때는 그렇게 멋질 수가 없어서 '들판의 소나무'라는 글을 쓴 것을 너도 기억하지. 하지만 오늘은 네가 들으면 서운해 할지 모르는 이야기를 해야겠다. 그렇다고 내가 너를 미워하거나 시기하는 것이 아님은 너도 잘 알지?

어쩌면 내가 변했다고 서운해 할지도 모르겠다. 그래, 그만 뜸들이고 이야기하마. 요즈음 네가 좀 건방지다는 생각을 내가 하기 시작했다는 거다. 전에는 그런 너의 모습이 대견스럽고 고고하고 멋지게 보였는데, 이 해의 끝자락에서 다른 나무들의 모습을 바라보니 그 생각이 바뀌고 심히 건방지게 느껴지더라는 거다.

지금 온 산이 단풍으로 물들고 있는 거는 알지? 한번 그들의 곁으로 다가가 보렴. 그들은 자신이 가지고 있던 성질, 개성 다 내려놓고, 늦가을 앞에 경건히 나와 서 있다. 그래서 띠고 있는 색이 달라도 제 것을 고집하지 않고 함께 조화를 이루어 아름다운 색을 연출해낸다. 가을이 찾아오면 모두 단풍으로 물들고, 이웃과 똑같이 행동할 줄을 아는 이웃들을 보렴. 어떤 것은 아직 더 푸르고 싶어도 제 마음을 저버리고 대열에 동참하고 있다. 완전히 삭히지 못한 마음이라 아직 반쪽은 푸르더라도 점차 붉은 빛으로 대열에 끼어든다. 자신의 개성을 미처 완전히 삭히지 못해 푸르고, 붉고, 노란빛이 남았어도 미련 없이 이별을 준비한다. 그들은 후세들을 위해 기꺼이 썩을 준비를 하는 것이다.

그런데 소나무야. 네겐 그런 너그러움이 없다. 오직 푸름만을 자랑하고 뽐낸다. 이웃과 함께 살을 비비며 정을 나눌 줄도 모르고, 제 혼자 잘 났다고 으스댈 줄만 아는 너. 요즈음 그런 네가 좀 건방지다는 생각을 자주 한다. 물론 너에 대한 내 마음이 변한 것은 아니니 불쾌해 하지는 말고, 내 충고를 귀담아 들어주렴. 네 인품으로 봐서는 오해 없이 내 조언을 들으리라 믿는다.

찬바람이 분다. 이 해도 얼마 남지 않았구나. 오늘 네게 들려준 내 이야기는 찬바람에 지친 탓도 있다. 그 앞에 꿋꿋한 네 모습이 오늘은 건방져 보이니 어쩌겠냐?

연말에는 이웃을 생각하며 함께 하여 모두가 따뜻했으면 좋겠다. 소나무야.

언덕밥과 비빔밥

부모님은 자녀를 많이 두셨다. 팔남삼녀. 그중 나는 위로 형이 넷이 있고, 누나가 둘이 있으니, 가운데쯤에 박혀 있는 셈이다. 어릴 때는 많다는 것을 전혀 모르고 그냥 즐겁게 자랐다. 오히려 형제가 많은 것이 좋았다. 그러나 찾아갈 만한 친척은 별로 없었다. 증조부 대 위에서는 계속 독자이거나 대가 끊기어 양자를 들이고 하였었으니 우리 어머니는 문중에 엄청난 일을 하신 분이 분명했다.

위의 형들이 도시로 나갔어도 집안은 언제나 복작거렸다. 그 많은 식구들의 식사 일을 어머니는 혼자서 도맡다시피 하셨다. 어머니는 등에 동생이 매달려 있어도 전혀 개의치 않고 일을 하셨다. 끼니때마다 까만 가마솥에 밥을 안치셨다. 미리 삶아둔 보리쌀을 깔고, 감자도 올리고, 그 위에 올리는 쌀은 한쪽이 더 높게 하여 언덕밥을 지으셨다. 그것은 순전히 아버지와 우리들에 대한 배려였다. 또 밥을 푸는 순서도 언제나 정해져 있었다. 쌀이 많이 섞인 밥을 아버지께 드리고, 다음에 진밥을 싫어하는 형의 밥을 푸시고, 그 다음이 입이 짧은 내 밥이었다. 우리는 어머니의 자상한 배려로 제각기 개성을 가지고 성장했다.

그러면서도 함께 어울릴 때는 하나 같이 마음이 맞았다. 어쩜 그것은 양푼에 밥을 비벼서, 온 가족이 둘러앉아 먹은 덕인지도 모른다.

태풍은 물러갔어도 더위는 남아 기승을 부릴 때쯤이면 어머니는 소쿠리를 들고 고구마 밭으로 나가셨다. 던져놓은 열무씨가 밭고랑 여기저기에 터를 잡았다. 싱싱하게 제법 자랐다. 어머니는 그것을 뽑아다가 살짝 버무려 금시 겉절이를 내놓으셨다. 이런 날이면 으레 밀대방석이 마당에 깔렸고, 두레상이 펴졌다. 나는 외양간에서 황소가 먹다 남긴 풀을 한 아름 안아왔다. 풀에 불을 붙여 모기를 쫓는 일은 형의 몫이었다. 이마를 맞대고 여러 식구가 양푼의 비빔밥을 먹는 날에는 서녘하늘의 별들이 쏟아지는 것을 자주 볼 수 있었다.

나들이 길에서 가마솥과 양푼만 보면 언덕밥과 비빔밥이 생각난다. 적당히 개성도 있으면서 화합할 수 있는 슬기를 갖게 해 준 부모님의 지혜가 밤하늘의 별똥별처럼 번득이며 지나간다. 그 어린 날 누렸던 고향집에서의 추억은 북극성처럼 빛을 발하며 내 안에 영원히 있다.

문득 양푼에 밥을 비벼보고 싶다. 그리고 온 가족이 둘러앉아 한 끼 밥이라도 먹어보고 싶다. 하지만 겉절이를 만들어 주실 어머님이 없다. 둘러앉아 있는 형제들 속에 몇 군데 이가 빠졌다. 쌍쌍이 앉으면 스물 둘이어야 하는데, 아무리 세어보아도 스물을 못 채운다.

휘영청 밝은 고향집 마당에서 달빛을 받으며 혼자 서 있다.

이 가을에는

가을이 익어가고 있다. 산에는 단풍이 한창이다. 이만치서 바라본 단풍은 환상의 색소를 띠며 아름다움을 뽐낸다. 신의 그림 앞에 망연해 하면서도 건방진 마음이 끼어들어 가까이 가 본다. 거기에는 빨강 파랑 노랑 등 가지각색이 함께 있다. 그들은 결코 자신의 개성만을 주장하지 않고 함께 어우러지는 것을 택하고 있다. 제 잘났다고 자신의 모습을 드러내려 하지 않고 이웃과 어깨동무한다. 단풍이 이토록 아름다운 것은 이런 까닭인가.

들로 내려선다. 눈길에 잡히는 들판. 모두가 열매 맺기에 바쁘다. 조금이라도 더 은혜를 받고자 안간힘을 모은다. 자신의 완성에는 저런 끝없는 노력이 필요한가 보다. 그것이 모태가 할 일이고, 후손에 대한 의무이거늘 나만은 안일하게 이 가을을 보내고 있다. 나의 가을은 안쓰럽기만 하다.

그 어느 때보다도 이번 가을은 내게 채찍으로 다가온다. 그동안의 삶이 무능했고, 옹졸했고, 안일했던 탓이리라. 이곳에서 마지막 가을을 그렇게 나는 몸살을 앓으며 보내고 있다. 이번 학기를 마지막으로 떠나야 하는 강단. 이 자리에 설 때마다 요즘은 기분이 새롭다. 하루하루가 내겐 마지막으로 다가오는 일상. 그 앞에서 가을은 너무도 처연하게 익어가고 있다.

되돌아보면 참으로 열심히 살았다. 건방지게 다른 사람 다섯 몫으로 산다며 호기를 부렸다. 순간순간 비집고 들어오는 안일을 멀리하며 부지런히 살았다. 밤잠도 덜어내며 무능을 이겨보려 했다. 그때마다 내 앞에는 모자라고 모자라서 안타까운 것들만이 눈에 들어왔다. 흉물스러운 벌레를 핀셋으로 집어내듯 나는 그들을 찍어내었다. 그러다 보니 자연 미운 것들만이 보였다. 그동안 살아오면서 내 눈에 집힌 것들은 왜 그리도 미덥지 못한 것들뿐이었는지 모르겠다.

무슨 일을 도모하려 하면 언제든지 눈에 거슬리는 것들이 있었다. 일이 서툴러서 믿지 못하는 경우, 거짓된 모습으로 나타나는 경우, 하는 일 없이 얼굴만 내미는 경우 등 다양한 것들이 나의 마음을 편하지 않게 했다. 나는 대단한 존재인 양 그들을 떼어내었다. 늘 그런 것들에 묻히어 나는 고뇌하며 살았다.

이 가을 신기하게도 나를 직시한다. 그토록 많았던 미운 것들은 다 사라지고, 오직 그 자리에 나만이 서 있다. 그들은 온데간데없고 오직 나 홀로 그 자리를 채우고 있다. 세상은 온통 아름다운데 나만이 흉물스런 벌레가 되어 부끄러움에 이 가을 앞에 서서 떨고 있다. 밉다. 온통 내가 밉다. 이토록 부끄러운 내 존재가 너덜너덜 내 눈 앞에서 초라하게 서 있을 줄이야….

가을이 익어가고 있다. 흉물스럽게 벌레 먹어 썩어 들어간 나를 읽고 있다. 건방으로 채워진 줄도 모르고 주변을 떼어내던 자신의 모습을 이제는 지울 기력도 없다. 내 힘으로는 도저히 지울 수 없는 허물 앞에 만연해 하고 있다. 차라리 저토록 어우러지며 자신을 내려놓고 사는 단풍 앞에 무릎이나 조아려야겠다. 이 나의 초라한 가을에는.

3.

그리기 연습

봉창 두드리는 소리 | 방백 | 복원 토기를 바라보며
퍼져나감에 대하여 | 머슴의 노래 | 포석정 이야기 | 그들의 관광지
웅熊의 낙원樂園 | 그리기 연습 | 우리의 11월은 | 그들의 삶터

봉창 두드리는 소리

잠결이었다.

"박보희 바꿔."

반말이다. 괘씸하지만 참는다.

"누구요?"

"박보희"

알아들었지만 다시 묻는다.

"박 누구요?"

"박보희 말야."

끝까지 반말이다. 이젠 안 되겠다는 생각이 든다.

"당신 나 알아? 왜 반말이야."

"……"

기선이 잡혔다. 더 시간을 주면 안 된다.

"누구세요? 박보희에게 정확히 알려 줘야죠."

끙끙거리다가 겨우 말한다.

"김충국"

정확히 알아들었지만, 다시 묻는다.

"김충 뭐라고요?"

"김충국"

"버러지 충 자, 나라 국 자요?"

상대가 말이 없다. 나도 잠시 시간의 여유를 준다. 상대는 계속 말이 없다.

"버러지 나라에서는 반말만 하나?"

전화를 끊었다. 속이 시원하다.

더러 지내다보면 잘못 걸려온 전화를 받을 경우가 있다. 대개의 경우 스스로 자신의 실수를 고백하고 바로 '죄송하다'는 말과 함께 마무리되기가 일쑤다. 한데 분명 잘못 걸려온 전화라는 것을 알면서도 상당히 불쾌할 때가 있다. 그것은 다짜고짜 반말로 아랫사람에게 지시하듯 걸려오는 전화다. 오늘 저녁만 해도 그렇다. 난데없이 늦은 저녁시간에 걸려온 전화가 수화기를 들자 반말부터 쏟아진다.

이제 나이가 들어 사람이 좀 수련될 때도 되었는데, 그런 것을 참지 못하는 성미다. 너그럽게 잘못 걸렸다고 알려주면 그만일 덴데, 빈말에 발끈하고 말았다. 그래도 다행인 것은 상대가 그 정도에서 멈추기 망정이지 좋지 못한 말이 오고가다 보면 심하게 다투기도 하고 심지어는 내일의 시간을 약속하기도 하며 핏대를 세우기도 한다.

사람들은 실수를 하면서 살아간다. 하지만 자신이 제대로 알지 못하고 실수하는 경우도 있고, 더러는 알면서도 의도적으로 그러는 사람도 있는 것 같다. 전자의 경우야 본의 아니게 저질러진 일이니 서로 양해하며 웃고 말 일이지만, 후자의 경우는 많은 부작용이 따를 수밖에 없다. 의도적으로 할 때에는 그런 계산이 없이는 하지 않았을 터이니 더 심각한 문제를 야기하게 되고, 그런 결과를 은근히 고대한 것이라면 비겁한 행동임에는 틀림없다. 사람의 탈을 쓰고는 해서는 안 될 점잖지 못한 행동이다.

그런데 오늘의 경우는 다르다. 실수를 탓하려는 것이 아니다. 기본적으로 잘못되어 있다. 얼굴을 맞대고 하는 대화도 아니고, 개인의 스마트폰도 아닌 일반전화에 대고 반말로 시작하는 전화는 결례 중에 결례이다. 상대가 어떤 사람인지도 모르는 상황에서 아랫사람에게 지시하듯 하는 전화 예절은 결국 자신의 인격을 망가뜨리게 한다. 다른 사람에 대한 기본예절은 평소에 철저하게 지켜야만 실수하지 않게 된다.

이제 정년이 두 달 남았다. 대학에서 근무했으니 다른 친구들보다 서너 해는 더 일한 셈이다. 다른 곳에서 근무하다 이곳 신설대학으로 옮겨왔을 때는 나보다 나이가 든 교수는 없었다. 그러니까 대학에 근무하는 동안 나이가 가장 많은 교수로만 있었으니 행동에는 자유로웠다고 할 수 있다. 그러나 내가 철저하게 지키며 산 것이 하나 있다. 골칫거리를 떠안았던 십오 년 가까운 보직교수 시절 나도 어쩔 수 없는 애연가였다. 지금이야 냄새만 맡아도 기겁을 하지만, 당시에는 하루에 두 갑은 가져야 견디는 날이 많았다. 대학 안에서 가장 연배이고 많은 담배를 피우지만, 나는 철저하게 담배를 관리하였다. 다른 사람이 내게 담배가 있다는 것을 눈치채지 않도록 관리하였다. 더운 여름날에도 얇은 천의 호주머니에 담뱃갑이 보이도록 넣지 않았다. 그것이 상대에 대한 나의 예의라고 생각하였다. 그러다 보니 못된 시어머니 노릇도 하는 때가 많았다. 담배를 입에 물고 있는 모습을 들킨 학생은 싫은 소리를 들어야 했다.

시대가 그렇다 보니, 요즘 학생들은 교수가 지나가도 담배를 그대로 물고 있다. 그러나 내 앞에서는 절대 그러지 못하도록 교육하였다. 요즘 학생들은 책상 위에 폰과 담배를 올려놓고 그대로 강의를 듣는다. 나는 이것이 영 못마땅하다. 그래서 첫 강의시간에 난난히 이르고 시작한다. 절대 폰과 담배를 책상 위에 올려놓지 말 것이며, 강의시간에는 폰이 울리지 않도록 각별히 주의를 주었다. 이 정도는 강의 듣는 학생들이라면 반드시 지켜야 할 교수에 대한 도리라고 믿기 때문이다.

의도적인 행동보다는 늘 그렇게 행동함으로써 관리되는 삶을 사는 것이 좋지 않을까. 평소에 말할 때에도 도리에 어긋나지 않게 생활화한다면 별문제가 발생하지 않을 것이다. 늘 사람들과의 대화에서 상대를 존중하는 어투를 사용한다면 다른 이에게 부담을 주는 일도 없을 것이고, 결례의 실수도 하지 않으리라 믿는다.

오늘은 봉창 두드리는 소리를 한 것 같다.

방백

어느 날 문득 꿈에서 본 듯 내가 극장에서 연극을 보고 있었습니다. 언제부터 이곳에서 있었는지는 정확히 알 수는 없으나 관중석에 앉아 연극에 빠져 있었습니다. 많은 관중이 눈에 보였습니다. 그들은 자신의 세계에 몰입한 까닭인지는 몰라도 옆 사람과 대화도 하지 않았고, 심지어는 옆을 보기 위해 고개를 돌리는 법도 없었습니다. 참으로 이상한 분위기였습니다.

어디까지가 무대이고 관중석인지도 확실히 드러나지 않았습니다. 모두가 무대에 선 배우이고, 모두가 관중인 것 같은 희한한 자리였습니다. 이곳에 있는 모든 사람들은 제각기 연기에 열중이었습니다. 그 연기는 너무도 능청스럽고 자연스러웠습니다. 아무도 배우의 연기에 대해 말하지 않아도 될 정도로 완숙했습니다. 그래서 누구 하나 배우의 연기를 탓하는 사람이 없었고, 칭찬하는 사람도 없었습니다.

그런데 이곳에서 이루어지고 있는 연극은 여느 연극과는 전혀 다른 면이 있었습니다. 유독 방백이 많았습니다. 바로 옆에서 지르는 소리를 배우들은 아무도 들으려 하지 않았습니다. 아니 전혀 듣지 못하고 보지 못하는가 봅니다. 아무리 이상한 짓을 해도 시선을 주지 않고, 이상한 말을 외쳐도 아무도 관심 주지 않습니다. 어쩌면 못 듣고 못 보는 것으로 약속이라도 한지 모를 일입니다.

정확하지는 않지만, 이런 자리에 아주 오래전에 갔던 기억이 있습니다. 로마를 여행하다가 노트르담사원 앞 광장에 갔을 때였습니다. 십만에 가까운 사람들이 모인 곳에서 집시 족들은 활개를 쳤습니다. 그들은 날짜 지난 신문지를 손에 들고, 아예 자신들의 성향을 내걸면서 떳떳하게 노략질을 하고 있었습니다. 너덧이 한 팀이 되어 여행객을 붙잡고 호주머니를 털어가도 누구 하나 말리는 사람이 없었습니다. 그들은 주위에서 바라보는 사람들과는 자신의 행동을 전혀 볼 수 없는 것으로 약속이나 한 듯이 행동했습니다. 그들의 말을 아무도 들을 수 없기에 그토록 떳떳하게 행동하는지 모릅니다. 또 십만에 가까운 사람들이 그것을 볼 수 없는 것으로 약정이라도 맺었는지 모를 일입니다. 마치 무대에서 이루어지는 방백처럼 말입니다.

오늘의 연극은 지하철이 무대입니다. 발 디딜 틈이 없을 정도로 사람이 많이 모였습니다. 그런데 그 사람들은 누가 배우이고, 관중인지 알 수가 없습니다. 그들은 다양하면서도 똑같은 특징을 가지고 있습니다. 제각각 행동하기에 다 다른 모습이지만, 그 이면에는 옆에 있는 사람의 행동을 볼 수 없다는 것입니다. 그러기에 아무도 옆 사람을 의식하지 않고 행동하고 말합니다.

둘의 대화를 관객이 다 들을 수 있도록 떠들썩하게 통화하는 사람, 어린 아들에게 전화하여 밥 지으라고 지시하는 아낙, 조그마한 화면에 빠져 연속극을 보는 중년 여인, 엄지족이 되어 열심히 문자를 두드리는 학생, 무엇인가 정보를 찾아 헤매는 회사원, 불그레한 얼굴로 통화하며 욕지거리를 쏟아내는 중년 남자……. 그러나 아무도 그것에 개의치 않고 자신의 연극에 몰입해 있습니다.

드디어 오늘의 주연배우가 무대에 오릅니다. 아직 결혼하지 않은 듯한 젊은 여배우입니다. 그는 무대에 오르자마자 핸

드백에서 거울을 꺼냅니다. 그리고 화장품을 덕지덕지 바르기 시작합니다. 민낯이 점점 바뀌고 있습니다. 얼굴에 있던 잡티가 없어집니다. 두툼하여 식인종 같던 입술도 사라지고 예쁜 입술로 바뀝니다. 그녀는 틀림없이 옆 사람이 사신을 바라볼 수 없다고 믿는 것 같습니다. 이제 어느 정도 예쁜 얼굴로 바뀌었습니다. 마지막으로 눈썹을 붙이고 있습니다. 왼쪽 눈에 눈썹을 붙이고 나자 전화벨이 울립니다. 핸드백에서 폰을 꺼냅니다. 한쪽 눈에만 눈썹을 붙이고 그는 한동안 남자 친구와 통화를 합니다. 엊저녁에 만나 한잔한 이야기며, 오늘은 아주 일박이일로 긴 여행을 떠나자는 이야기를 스스럼없이 하고 있습니다. 그녀의 모습이 틀림없는 피에로입니다.

그러나 아무도 그녀를 흘깃 쳐다보지도 않습니다. 한쪽 눈에만 눈썹을 붙이고 있는 모습이 희극적으로 보여도 웃는 사람 하나 없습니다. 정말 방백의 연속입니다. 한참이나 얼굴에 찍어 바르던 주연배우는 언제 무대에서 내려갔는지도 모릅니다. 모두 제 세계에 빠져 있습니다.

한참 연극을 바라보다 보니, 나도 역시 방백이 많은 연극 무대에 오른 배우임이 틀림없다는 생각이 듭니다. 철지난 옷으로 몸을 두르고 머리는 흘러간 스타일입니다. 모두 외래어에 능숙하게 대사를 하는데, 나 혼자 한글을 사랑합네 하고 우리말만 씁니다. 이 사회는 그래도 도덕이 있고, 윤리가 있고, 예의가 있다고 고리타분하게 소리칩니다. 변화된 시류에 적응하지 못하고 여전히 방백만 늘어놓고 있습니다. 그러니 내 말을 듣는 사람이 하나도 없는 것은 당연합니다. 틀림없이 나는 방백이나 즐기는 무대 위의 배우입니다.

나는 한번도 이 극장에서 빠져나갈 계획을 세워본 적이 없습니다. 굳이 그래야 한다는 생각을 해 본 적도 없습니다. 우리는 언제나 방백만으로 이루어지는 연극무대에서 연기하는 배우이고, 그것을 바라보고 있는 관객일 뿐입니다. 참 희한한 세상을 우리는 살고 있습니다.

복원 토기를 바라보며

여러 차례 박물관에서 토기를 관람하였지만 이번처럼 굽다리바리가 눈에 들어온 적은 없었다. 빗살무늬 토기에는 간결한 형태의 무늬가 새겨져 있었다. 점과 선을 연속적으로 새겨 넣어 얼핏 보기엔 단순한 듯하면서도 복잡한 아름다운 무늬다. 유액을 바르지 않아 흙 위로 점과 선, 그리고 빗살무늬 같은 것들이 아무런 꾸밈도 없이 수수하게 드러난다. 그 무늬의 결을 맞추어 완벽하게 복원된 토기였다.

여러 조각으로 난 것을 정성들여 복원한 솜씨가 오늘 따라 나의 시선을 잡았다. 모양의 특이함이나 제작 기술에 대해서는 아는 바가 없는 터라 관심 밖이었고, 오직 그것을 복원한 솜씨에 나는 탄복하고 있었다. 분명 이것들은 발굴될 때는 산산조각이 되어 흩어져 있었을 것이 뻔하다. 한곳에 모아 놓은 것이 아니고, 여기저기 흙속에 묻혀 있었을 것이었다. 그것을 하나도 빠트리지 않고 수거해 잘 세척하여 접합시켰을 토기 수술 전문가들의 땀이 느껴졌다.

이렇게 복원된 토기는 여러 점이었다. 부서진 조각이 모두 수거된 경우도 있지만, 더러는 빠진 부분을 때워 넣은 것도 있었다. 수습된 조각들은 모두 원형에 맞추어 제자리를 찾아주고, 없어진 부분은 석고나 합성수지 같은 복원재로 처리하였다. 조각들을 이리저리 견주어 맞추었을 복원 참여자들의 모습이 일순간 뇌리 속으로 지나간다. 얼마나 많은 시간을 소비하며 땀을 흘렸을까. 서두르지 않고 인내하며 작업을 수행했을 그들의 수고가 새삼 느껴지는 순간이었다.

한참을 복원된 토기를 살펴보다가 문득 견치석을 쌓은 모습과 너무도 흡사하다는 생각이 들었다. 간지석의 여러 모양을 이리 맞추고 저리 맞추면서 석축을 쌓았던 기억이 고개를 든 것이다.

나는 건설공병으로 군 생활을 한 적이 있다. 물론 짧은 기간이었다. 공병부대로 배속된 지 얼마 되지 않아 정훈부로 근무처를 옮길 때까지 몇 개월의 경험이었다. 전혀 경험이 없는 건공분야로 배속되어 칠 주의 교육을 받고 곧바로 건설 현장에 투입되었다. 짧은 기간이었지만 태풍과 홍수가 심하게 지나가는 바람에 매일 밤늦도록 막노동을 해야 했다. 힘든 나날의 연속이었다.

마을 한가운데로 물길이 난 동네를 복원하는 일이 우리에게 주어졌다. 끼니도 작업 현장에서 해결하면서 일했다. 동네의 흔적이 사라진 황폐한 곳에 수로를 다시 내고 집도 복원하며 농경지도 정리하여야 했다. 그 당시 졸병이던 나는 수로 복원 작업에 투입되었다. 무거운 돌덩이를 나르고 들어올리고 돌려가며 맞추는 일은 여간 힘든 일이 아니었다. 며칠 작업을 하고나니 해머를 들 기운조차 없었다.

수로 복원 작업은 강둑을 견치석으로 쌓아 올려야 한다. 하나의 돌을 올리고 그것을 이리저리 맞추다가는 모난 부분이 있으면 해머로 두드려 돌출 부분을 제거하고 맞추었다. 그러다가 돌이 잘못 깨어지면 다른 것으로 바꾸거나 작은 돌로 틈을 채워나갔다. 크고 작은 돌로 고이고 채우며 둑을 쌓았다. 너무 큰 돌은 정을 대고 두드려 쪼개어 사용하였다. 대개의 경우 돌을 그대로 온전히 사용하는 경우는 거의 없었다. 모두 우리의 생각에 따라 해머로 두드려서 깨고 쪼개고 하여 사용하였다. 비록 일의 속도는 늦었지만, 시간이 흐를수록 강둑이 완성되어 가는 모습을 바라보면 흐뭇하였다.

조각난 토기를 복원한 것이 어쩌면 그리도 견치석 쌓은 모양과 닮았을까. 토기의 조각은 쌓아놓은 견치석의 축소판이었다. 제멋대로 금이 나 있는 모양도 똑같다. 토기를 복원한 사람들의 수고도 내가 견치석을 쌓은 수고와 같을 것이라는 생각이 일어 한참 동안이나 토기 전시실에서 떠나지 못했다. 깨어진 토기를 맞추어 원형을 되찾는 작업이나 사라져버린 수로를 견치석으로 다시 만들어내는 일이나 모두 역사의 복원이었다. 한참 동안이나 건설공병이던 때의 추억에서 벗어나지 못한 채 토기 전시실에서 머물던 나는 번뜩이는 섬광에 눌려 해머로 뒤통수를 맞은 기분이 되었다. 그곳에서 황급히 빠져나오고야 말았다.

분명 달랐다. 토기 복원 전문가들과 나는 전혀 다른 사람이었다. 그들은 있는 것을 있는 그대로 바라보고 인정하고 대하는 사람들이었다면 나는 그렇지 못했다. 그들은 깨어진 조각을 최대한 원형대로 맞춰주려 노력했지만, 나는 있는 것을 그대로 인정하지 못하고 나의 욕심에 따라 해머로 깨고 부수고 하며 견치석을 쌓았다. 그들은 세상의 모든 것들을 인정하고 존중하는 삶의 태도를 유지하였다면 나는 아니었다. 내 생각에 어긋나면 망치로 두드려서 깨고 부수고 하는 삶을 살았던 것이다.

비단 견치석 쌓기에 머문 일이 아니었다. 지금껏 살아온 삶이 너무 이기에 찬 것이었다. 나의 것, 나의 일만을 생각하고 모든 것이 내 의도에 맞춰져 있었다. 그러니 내 삶은 견치석처럼 망치로 쪼아놓아서 거칠고, 모난 곳이 많았을 것이다. 이 모난 부분들이 얼마나 많은 세월을 주위에 부딪치며 갈아야 조약돌처럼 매끄러운 돌이 될까.

금년 휴가에는 대학의 유물 복원실에서 실시하는 역사체험에 참가해서 토기 복원도 배워야겠다. 그러면서 세상을 있는 그대로 인정하고 바라보는 시야를 넓히기 위해 내 가슴에 돋아난 이기의 모서리를 다듬어야겠다.

퍼져나감에 대하여

– 씨아의 추억

누님이 결혼하기 네 해 전의 일이니까, 정확히 말하면 내가 도회지로 나와 중학교에서 공부할 때의 일이다. 오랜만에 집에 들어섰을 때 어머니는 골방에서 씨아를 돌리고 계셨다. 느닷없이 돌아온 아들을 반기면서도 어머니는 그 일을 멈추지 않으셨다. 씨아 판에 앉아서 오른손으로는 씨아손을 돌리고, 왼손으로는 두 가락 사이에 쉼 없이 면화를 넣으셨다. 가락 앞에서 떨어진 목화씨는 어머니의 무릎 위로 수북이 쌓였고, 두 가락 사이를 빠져나간 목화솜은 서서히 방바닥을 점령해 갔다. 널기만 한 방안은 온통 목화솜으로 덮여졌다. 그러면 초등학생인 막내는 어머니의 지청구를 들으면서도 그 위에서 뒹

굴기를 멈추지 않았다.

시골에서는 어느 집이든 과년한 딸이 있으면 목화씨를 큰길가 밭에다 심었다. 내 집에 과년한 딸이 있다는 소문내기였다. 소문은 쉽게 퍼져나갔다. 그러면 중신애비들이 그 집 대문턱을 드나들며 혼담을 넣기 시작한다. 굳이 내 딸을 데려가시오, 하고 입으로 겸연쩍게 말하지 않아도 되는 일이었다. 묵언 중에 서로의 마음이 오고간 것이 지난날 우리 시골에 있었던 따뜻한 풍경이다. 뿐만 아니라 누구네 목화밭인가를 가리지 않고, 오가다 살펴본 것이 시골인심이었다.

이쯤 되면 어미의 내리사랑이 펼쳐진다. 정숙한 여인으로의 길을 갈 수 있도록 몸을 추스르고, 마음을 닦는 일을 가르치는 것도 어미의 책무였다. 주부로서 갖추어야 할 도리와 예의범절에 이르기까지 어미의 사랑이 딸에게로 흘러가는 기간이다. 궁핍한 생활이지만 하나라도 더 챙겨주려는 어미의 온갖 배려가 여기저기서 쌓이기 시작했다. 닷새 만에 서는 장터를 빠뜨리지 않고 드나들며 그릇이며 옷가지를 챙기기도 한다. 밭둑에 우뚝 자란 오동나무가 목수 집으로 옮겨지면 혼담이 많이 익어가고 있음을 나타낸다.

사월 말에 뿌려진 목화씨는 발아하여 칠월 하순경이면 꽃이 핀다. 꽃에서 잉태한 사랑은 국기봉처럼 생긴 다래 안에서 실하게 키워진다. 티 하나 없는 순록純綠으로 영글어가는 것이다. 울타리 안에서 키운 연초록의 아리따운 사랑은 더러 동네 총각들의 손에 희생되기도 하지만 자주 있는 일이 아니었다. 점점 익어 그 농도가 진해지면 임신부처럼 배가 부풀어 오르고, 마침내는 붉게 변한 표피를 열고 밖으로 얼굴을 내밀게 된다. 결국 안에서 소중하게 키운 사랑이 밖으로 펴져 나오는 순간이다. 하이얀 빛을 띠고 펴져 나오는 면화는 잡티 하나 없이 깨끗하여 순수함 바로 그것이다.

전에는 집안의 처자가 밖으로 나도는 것을 너그럽게 보아주지 않았다. 심지어는 암탉이 울면 집안이 망한다며 대문 밖 출입을 막기도 하였다. 과년한 처자는 그런 속박이 싫어서 명절날이면 부엌문을 떼어다 마당 한가운데에 걸쳐놓고 널뛰기를 하면서 지나가는 총각을 훔쳐보기도 했다. 이렇게 철저하게 담장 안에서 성장한 처자가 세상 밖으로 나가듯이 다래 안에서 자란 면화는 열십자로 껍질을 열고 밖으로 나온다. 비로소 세상에 자신의 존재를 드러낸다. 하나의 성숙한 여인으로 홀로서기를 시도하는 것이다.

혼기에 찬 딸을 둔 어머니는 그래도 마음이 놓이지 않으셨다. 제 홀로서기에 부족함이 없도록 온갖 배려를 아끼지 않으셨다. 그 마음이 오롯이 피어나는 곳이 씨아 앞에서이다. 오랜 기간 떨어져 있던 아들이 찾아와도 멈출 수 없었고, 다른 자식이 와서 목화솜을 뭉개면 지청구를 주었던 것도 떠나는 자식에 대한 아픔을 혼자서 삭이는 몸짓이었다. 이 순간은 어머니의 사랑이 딸에게로 전달되는 실루엣이었다.

두 가락 사이를 빠져나온 솜은 어미의 사랑처럼 온 방안으로 가득 퍼진다. 온통 방안이 솜으로 채워지면 어머니는 흐뭇하게 미소 지으셨다. 그러나 딸에게로 향하는 사랑은 여기서 멈추지 않았다. 다시 이 솜을 부드럽게 부풀리고, 서로 엉켜 붙게 하여 솜뭉치로 만드는 것이다. 이리 해 두었다가 시집가는 딸의 이불과 요를 만드셨다.

목화의 재배에서부터 씨아에 면화를 돌리어 솜이불을 만드는 공정은 부모의 자식에 대한 극진한 사랑이 퍼져나가는 몸짓인 것이다. 씨아손을 돌리며 면화에서 씨앗을 뽑아내듯 어머니는 딸에게 닥쳐올 고난을 제거하기에 온 정성을 다했다. 그리하여 이 사랑은 한 세대에서 멈추는 것이 아니고, 여인들의 가슴을 통해 대물림하여 내려왔던 것이다. 여인만이 참고 인내해야 했던 시절의 도리와 아픔까지도 송두리째 전달했던 어머니들의 그 정신에는 무엇이 있었을까. 오직 가정의 평온과 안락함을 소망한 안방마님으로서의 바람은 아니었을까.

시집온 며느리는 맨 먼저 시댁식구들에게 이불 짐으로 자신의 존재를 알린다. 가지고 온 이불과 요가 두툼하여 가시눈을 한 시누이가 들 수 없을 정도는 되어야 한다. 그래야 그들의 입방아에서 자유로울 수가 있다. 뿐만 아니라 그 집 귀신이 되기 위해 들어가는 첫 관문을 무사히 통과하는 절차이기도 했다. 이것을 아는 어머니는 누님의 혼수 이불만은 중학생인 내가 들 수 없도록 두툼하게 만드셨다. 누님의 이불을 방안에서 낼 때에 내가 들려다 포기하자, 열 가마 새경을 받던 머슴이 겨우 짊어지었다.

씨아는 우리의 어머니들이 딸에게 대물림하여 전하는 사랑의 현장이다. 가슴으로 키운 사랑이 퍼져나가는, 그리하여 그 사랑이 한 가정을 안온하게 지키는 힘이 되었던 도구가 씨아였다. 씨아손을 돌리시던 어머니의 모습이 문득 그립다. 지금 어머니가 씨아를 돌린다면 뒹구는 막내의 심술쯤은 달래줄 수 있을 텐데…….

머슴의 노래

머슴의 노래

머슴은 제 집 놔두고 주인집 골방에 와서 기거하니 외로움과 마주하고 산다. 이른 새벽부터 궂은일은 도맡아 해야 하니 몸은 늘 고달프다. 내 한 몸으로 온 식구들 건사한다는 생각은 그를 어려움에서 견디게 한다. 집안이 어려워 이러지 않고서는 방법이 없음을 잘 알기 때문이다. 이렇게 한 해를 머슴살이 하고 나면 새경을 받는다. 쓸 만한 머슴은 이 새경으로 집안 식구들을 건사하고 남는 것은 모아서 농토를 구입한다. 그리하여 자립의 터전을 마련하게 되었던 것이다.

요즈음 머슴살이를 하고 있다. 내 스스로 사는 꼴이 머슴이라는 것을 깨닫지 못했었다. 그냥 당연히 해야 할 일이고, 마땅히 관장해야 하는 일이라 여기며 살았었다. 그런데 선배 문인께서 집에 오신 적이 있다. 정원의 꽃과 잔디밭을 지켜보시다가 아내에게 한마디 한 말이 그만 나를 머슴으로 만들었다. 가만히 생각해 보니, 정말 나는 머슴 놈이었다.

아침에 기상하면 쇠죽솥에 불부터 지피는 머슴처럼 정원으로 나가 호미부터 잡는다. 주인이 무엇을 하라고 말하지 않아도 제 스스로 알아서 일을 해야 한다. 정원에 있는 꽃들의 건강상태를 살피고, 약탈자가 있으면 퇴치해야 한다. 잔디 속에 숨어 있는 잡풀들도 뽑아야 한다. 때로는 전지剪枝도 해 주고, 냄새나는 쇠똥을 넣어주는 일도 머슴 놈의 일이다. 그뿐이랴. 남새밭에 푸성귀도 머슴의 손길이 닿지 않으면 금시 내색을 한다. 그래도 고된 하루를 마무리하고 나면 즐거워하는 처자식 얼굴이 있어 견디듯, 정원의 꽃도, 잔디도, 남새밭의 푸성귀도 내 머릿속에서 자라고 있으니 머슴 놈은 오늘도 즐겁다. 나는 결코 외롭고 고달픈 것만은 아니다.

적과의 동침

집을 짓고 얼마 되지 않았을 때의 일이다. 정원 어디에선가 괴상한 울음이 들려왔다. 낮에도 소리가 났지만, 심지어는 밤에도 그 소리는 그치지 않았다. 하지만 그것이 무슨 소리인지, 어디에서 들려오는 것인지 종잡을 수 없었다. 그 소리의 정체를 알기 위해 우리는 몇 날을 허덕였다.

그것은 무당개구리였다. 비가 오면 흐르는 빗물을 관리하기 위해 맨홀을 설치하고 잔디밭 밑으로 우수관을 묻었는데, 그들이 그 속에 터를 잡았으려니 짐작이나 했겠는가. 비록 작은 개구리 소리라 해도 관을 흔들어 나오는 소리라 나름은 웅장하게 느껴졌다.

무당개구리는 독성이 있다. 일반 개구리처럼 먹었다가는 큰일이 난다. 자칫 잘못하면 녀석들의 독 피해를 입을 수도 있지만, 나는 그들과 같이 산다. 날이 가물어 맨홀에 물이 없을 때에는 호스를 끌어다가 물도 가득 채워 준다. 비가 오는 날이면 녀석들이 잔디밭으로 기어 나와 뛰어노는 모습도 심심찮게 보게 된다. 지금은 번식하여 대략 사오십 마리는 되지 싶다. 봄 번식기에는 여기저기서 울어대어 개구리 합주곡이라도 듣는 기분이다.

적과의 동침. 원수에게 시원한 물 한 대접 떠 줄 수도 있고, 그들에게 은혜도 받을 수 있는 것이 세상살이다. 요즈음처럼 모기가 기승을 부릴 때면 맨홀 속의 모기 애벌레는 그들이 다 해결해 주니 틀림없는 적과의 동침이다.

달밤의 전지剪枝

정원에 심어놓은 나무들이 이젠 제법 모양을 갖추고 내게 아름다운 자태를 뽐낸다. 머슴도 일을 하면서 더러 이런 때 보람을 느끼는가 보다. 봄눈이 트면 하늘로 향하는 새 줄기들이 야단이다. 그 모습이 너무도 당당하여 내가 그렇게 크는 것 같은 착각에 빠지기도 한다. 나무마다 가지고 있는 성질이 다르니 적합한 관리는 머슴의 책무다. 꽃을 보는 나무는 실한 꽃을 보기 위해 수시로 돌보고, 잎을 보는 것은 수형을 잡아준다. 물을 좋아하는 것은 물주기에 신경을 써야 하고, 너무 웃자라는 가지는 전지도 해 주어야 한다.

새 순이 나와 아주 보기 좋게 자라고 있는 영산홍. 그것의 수형을 위해서는 자연석 위로 올라온 새 가지를 잘라내야 하지만, 가위를 대기가 그리 만만하지 않다. 나의 판단에 따라 제 명을 다하지 못하는 가지가 생긴다는 것이 마음에 부담이 된다. 그토록 예쁘게 올라오는 것을 어찌 싹둑 자를 수가 있겠는가. 제祭라도 지내주고 잘랐으면 좋으련만 주인집 마님이 보시면 세상별일 다 봤다고 야단일 것이 뻔하다.

혼자 고민 끝에 술에 의존한다. 술에 취한 날, 나는 영산홍에 전지가위를 댄다. 조금은 흐릿한 눈으로 전지를 한다. 그러면 가지들의 귀여운 미소가 눈에 들어오지 않는다. 이런 날은 가위가 신바람이 난다. 마구 잘라나간다. 전지에 대한 책임을 순전히 술에게 덤터기 씌우는 나의 못된 버릇이다.

그마저 여의치 못하면 나는 달밤에 전지를 한다. 달빛이 훤히 내리비치는 날 밤, 영산홍 가지들은 설렘 속에서 달마중을 나온다. 이때에 다른 것들보다 앞서서 나대는 것들은 가차 없이 전지 당한다. 흐릿한 달빛에 가지들의 얼굴이 자세히 보이지 않으니 조금은 마음이 가볍다. 남의 속도 모르는 주인집 마님은 달밤에 체조한다고 야단이지만.

풀벌레 소리

가을이 익어가고 있다. 마당의 여기저기에서 풀벌레들의 향연이 벌어지고 있다. 달빛이 요란한 밤이면 뜨락은 그야말로 멋진 공연장이다. 아무도 장애하지 않는 정원. 제 마음껏 노래해도 누구 하나 탓하지 않는다.

서재에 그냥 앉아 있다면 정말 멋없는 사람이다. 나도 모르게 그 유혹적인 노래에 끌리어 마당으로 내려선다. 이보다 더 아름다운 소리가 지상에 또 있을까. 어쩌면 이토록 가냘프고 영롱한 소리를 낼 수 있을까. 혼자 듣기에는 너무도 아쉽다. 나름 고민 끝에 친구를 떠올린다. 손폰으로 친구를 끌어다 놓고 싶다. 그리고 같이 듣고 싶다.

"친구야, 이 소리 들어보게나. 이 벌레의 영롱한 소리!"

하지만 친구는 그 소리가 들리지 않는다고 답답해한다. 이게 무슨 조화일까. 정작 친구가 능청을 부리는 것이 아니라면, 이 또한 신비의 세계다. 영롱한 풀벌레소리를 폰으로는 전달할 수 없다는 사실. 자연은 이와 같이 기계에 지배당함을 배격하는가 보다. 친구에게 가을날의 풀벌레소리를 배달하려던 나의 소망은 여지없이 무너지고 만다. 자연은 기계적인 것을 싫어하고, 자연적인 것들과 교류하며 애정을 표하는가 보다.

다시 머슴통신

어려서 우리 집에는 머슴이 있었다. 나이가 이십대인 젊은 사람이었다. 일할 수 있는 최적기에 그는 우리 집에 와서 일했다. 부친께서는 그렇게 나이를 가늠하면서 노동 능력이 있는 머슴을 골랐었다.

머슴에게는 노동 능력이 요구된다. 반드시 젊어 힘이 있어야 한다. 그런데 요즈음 전원에 가서 머슴살이라도 해 볼 꿈을 꾸는 사람들은 거의가 환갑도 지난 늙정이들이다. 천만의 말씀이다. 자연 속에 가서 머슴을 살려면 힘이 있어야 한다. 엄청난 부가 있어 주인 노릇만 하기 전에는 전원생활은 머슴살이다. 괜히 좋은 면만 생각하고 대책 없이 들어갔다가는 새경

받기는커녕 쫓겨나고 만다. 힘이 있어 제대로 일을 해야 자연은 즐거움이라는 새경을 머슴에게 준다. 자연은 사람들과 달라 새경을 모아서 주지 않고, 일하는 즐거움을 주기 위해 수시로 내어준다.

조물주가 자연을 빚어내듯, 제 전원을 꾸미고 싶으면 노동이 가능해야 한다. 문득 이 세상을 빚어낸 조물주의 노동력이 부럽기만 하다. 나도 서서히 늙다리가 되어가는 모양이다.

포석정 이야기

칠월 백중이 지나면 농촌에서는 일손 얻기가 수월하다. 아버지는 이맘때면 일 도와주는 아저씨와 산으로 올라가 황토를 한 짐 짊어지고 내려오셨다. 그것을 마당 한가운데에 부려놓고 우물물을 퍼다 붓고 곱게 개셨다. 그리고 긴 나무자루에 띠를 묶어서 매흙질을 하셨다. 족히 하루는 걸렸다. 이것은 매년 초여름에 이루어지는 연중행사다. 그러니까 살고 있는 집에 분칠을 해 주는 것이다.

벽에 맥질이 끝나면 집안 도배로 이어졌다. 문에는 깨끗한 창호지를 바르고, 한 해 동안 손때가 묻은 벽지에는 종이를 덧붙였다. 지금처럼 도배지가 특별히 있는 것도 아니고, 신문지 정도면 족했다. 붙일 신문지가 모자라면 어머니는 언제나 처럼 반닫이 속에서 고서적을 꺼내어 벽에다 바르셨다. 그리고 풀이 남으면 고서적을 더 끄집어내어 쭉쭉 찢어서 물에 담가 불린 다음 풀과 개어 종이그릇을 만드셨다.

지금 생각하면 참으로 어처구니 없는 일이었다. 어머니 역시 무학이셨고, 당시 나도 너무 어려서 그 책의 가치를 알지 못하던 때라 그 일은 매년 반복적으로 이어졌다. 그렇게 소실된 책들 중에는 제법 가치가 있는 것도 있었을 것이다. 그것의 소중함을 알지 못하여 저질러진 일이었다. 지금에 와서 무척 아쉬움을 느끼지만 미처 깨닫지 못하여 빚어진 일이니 뭐라 할 수도 없다. 이와 같이 우리가 제대로 알지 못하여 소실된 문화가 내 어머니에 한한 일은 아닐 것이다.

오랜만에 경주를 찾았다. 많은 사람들 속에 묻혀서 관광한다. 조상들이 남긴 문화재를 살펴보면서 문득 내 어머니를 떠올린 것은 왤까? 저 많은 관람객들은 우리의 문화재가 내놓는 몸짓의 언어를 얼마나 알아듣고 있을까. 내 어머니처럼 제 조상이 남긴 문화를 소홀히 하는 일은 없을까. 어머니도 고서적의 가치를 아셨다면 종이그릇은 만들지 않으셨을 것이다. 모르시기에 그 소중한 책을 뜯어내어 그릇으로 바꾸어 놓으셨던 거다. 비단 내 어머니에 멈춘 일은 아니다. 우리도 조상이 남긴 문화의 가치를 제대로 알지 못하여 자신도 모르게 소실하는 경우도 더러 있을 것이다.

경주의 입구에 뚝 떨어져 있어 그냥 스치기 쉬운 유물이 하나 있다. 학생들의 수학여행에서도 시간을 핑계로 열외 시키는 유물. 그것이 포석정이다. 어쩌다 마음의 여유를 얻어 찾아가 봐도 돌덩이로 도랑을 쳐놓은 것에 불과한 유물이니, 무슨 수로 관광객의 발을 당길 것인가. 돌덩이로 도랑을 쳐 놓은 것이 고작이니, 회오리바람이라도 불 양이면 흙먼지를 뒤집어쓰게 되는 유물. 억지로 시간을 내어 찾아가도 별다른 볼거리가 없는 유물.

하지만 이렇게 허술해 보여도 현대 과학에서도 재현하지 못하는 유체공학의 극치인 것이다. 물은 흐르면서 힘이 발생하게 되는데, 이것을 연구하는 학문이 유체공학이다. 심청이 빠진 인당수나 제주도의 이어도 역시 이 유체에 의한 힘과 관련이 있다. 그것을 활용하여 잔을 띄우게 만든 것이 포석정이다.

신라인들은 이러한 것을 창안하여 만들었는데, 오늘날 세계적인 과학자들은 그것을 지켜보고도 재현시키지 못하고 있다. 경주의 것을 사진으로 촬영하면서 서울 미대사관 건물 앞에 세운 포석정이나 포항공대에서 연구용으로 만든 포석정이나 모두 본연의 목적에 도달하지 못하고 있다. 현대의 과학자들이 동원되어 계측하고, 그것을 토대로 재현시켰는데도 잔을 띄우지 못하고 있다. 결국 그 유물 속에 숨겨져 있는 비밀을 찾아내지 못하고 있다는 증거다.

경주의 포석정은 지금도 물을 끌어대고 잔에 술을 부어 띄워 보내면 엎어지지 않고 흘러간다. 무거운 잔일수록 속도가 빠르다. 사기잔, 유리잔, 나무잔 순으로 흘러간다. 참으로 유체공학의 극치라 아니할 수 없다.

우리의 조상들이 얼마나 뛰어난 문화재를 남겼는지, 또 그것이 어떤 가치가 있는지를 안다면, 함부로 다루진 않았으리라. 우리는 무례하게도 고속철을 경주로 통과시키면서 조상들이 남긴 문화재를 훼손하려 하고, 유네스코에서는 그것을 막겠다고 나섰으니 참으로 안타까운 일이 아닐 수 없다. 경주 유물의 가치를 안다면 내 조상이 남긴 문화재를 후손인 우리가 망가뜨리려 할 리 없을 것이고, 외국인들이 우리의 문화재를 지키겠다고 나서는 우스꽝스러운 일도 벌어지지 않았을 것이다.

이런 빼어난 유물 앞에서 우리는 경애왕이 신하들과 술잔을 기울이다가 견훤의 군사에 의해 죽었다는 역사적 사실만을 기록해 놓고, 안일하게 입장료만 챙기는 일에 전념해서야 되겠는가. 지금이라도 물을 끌어다대고 술잔을 띄워 보낼 일이다.

그것을 실현시킴으로써 국민들에게 민족적 자긍심을 북돋아 주어야 하고, 외국인들에게는 우리 조상들의 문화가 빼어났음을 알릴 필요가 있다. 눈앞에 보이는 결과물만 생각하여 입장료만 챙길 일은 아니다. 조급한 마음을 이제는 내려놓고, 진정 문화재의 가치가 무엇이고, 그로 인해 민족이 갖게 될 긍지도 헤아릴 줄 아는 지혜가 필요하다.

오랜만에 경주를 돌아보며 내 어머니를 추억한다. 알지 못하여 많은 것을 소실하였을 삶을 동정하면서도 왠지 안쓰러운 것은 혈연의 고리가 아니고, 조상의 유물에 대한 인식의 부족이다. 몰라서 버렸던 아픈 기억을 되살리면서 뭐든 제대로 알아야겠다는 다짐을 해 본다.

문화재는 때 묻은 벽에 매흙질을 하듯 현상을 유지 보존하는 정성이 필요하고, 끝없는 사랑이 이어져야 함을 새삼 깨닫는다.

그들의 관광지

이른 아침 지저귀는 새들의 소리에 잠을 깼다. 소리가 날카로운 것을 보니, 틀림없이 직박구리다. 녀석은 꽝꽝나무 열매를 따먹는 대신 내게 아침 기상을 알려준다. 기지개를 켜며 정원으로 나오니 종려나무에서는 벌써 까치가 벌레를 찾고 있고, 동백나무에서는 곤줄박이가 꼬리를 초싹거리며 노래를 들려준다.

잔디밭 끝에서는 산비둘기들이 뭔가를 주워 먹다가는 한 무리가 모여서 저만큼 혼자 있는 놈을 향해 바라보고 있는 꼴이 영락없는 사진촬영 모습이다. 순간 그리 멀지 않은 곳에서 꿩의 울음소리가 들려온다. 그 소리가 더욱 청명하게 이 아침을 열어주고 있다.

짱짱나무에서 아침식사를 마친 직박구리는 내가 머물러 있는 창가로 날아와 방안을 들여다보며, 왁자지껄한다. 마치 저희들끼리 내 방에 대해서 험담이나 하듯 두 마리가 날갯짓을 하며 소통하다가는 날아간다. 녀석들은 우리가 알지 못하는 자기네들만의 기록방법으로 내 방 안의 실태를 스케치해 갔는지도 모를 일이다.

맑은 공기로 기분 전환을 하고 서재로 들어온다. 컴퓨터를 열고 하루의 일과를 시작한다. 내가 잠든 사이에 나를 찾은 흔적들을 메일에서 발견한다. 특이한 일은 없다. 언제나 그렇듯 제자들의 수필 원고가 대부분이다. 세 시간 동안 내가 눈을 붙이는 사이에 전송된 것들이다. 제자들도 원고로 날밤을 새운 모양이다. 밤새워 작업한 글을 읽어 내린다. 고생한 흔적이 역력하다.

이제는 카페로 옮긴다. 세 곳의 카페 중 마지막으로 동창회 카페를 방문한다. 다른 카페보다 들락거리는 사람이 많으니 소식도 많다. 현직에서 한발 뒤로 물러나 친구들과 우정을 나누는 모습이 정겹다. 그도 그럴 것이 직업란이 비어 있는 친구가 칠 할을 넘으니 이렇게 소일하는 것도 한 방법일 것이다. 나이 들면 허전한 마음을 기댈 곳을 찾아 학창시절 같이했던 친구들이 모이는 곳이 동창 카페인가 보다.

오늘은 카페에 읽을거리가 있어 좋다. 현직에서 나와 홀가분하게 남미 여행을 하고 돌아온 친구의 여행기다. 사진까지 곁들였으니 이 어찌 양식이 되지 않겠는가. 친구가 적은 몇 줄의 글과 사진이 마치 그곳을 여행하는 기분까지 맛보게 한다. 페루, 볼리비아, 칠레, 아르헨티나, 파라과이, 브라질 등 여섯 나라를 여정에 따라 차례로 카페에 올려가고 있다. 첫 번째 여행국인 페루의 게시물을 보다가 문득 생각이 멈춘다.

> —다음 날 아침 새들의 천국인 바예스타스(ballestas) 섬에 가기 위해 아침버스를 타고 파라카스항구에 도착했다. 모터보트를 타고 가는 도중에 모래산에 나스카문명인이 만든 것으로 추정되는 그림인 칸델라부로(candelabro) 가지 달린 촛대 그림을 보았다. 바예스타스 섬에 가까워지면서 탄성이 절로 나왔다. 새들이 온 섬을 뒤덮고 있다고 해도 과언이 아닐 정도였다. 물고기의 명사수인 펠리컨, 가마우찌, 갈매기, 빨간머리독수리, 펭귄 등의 새들과 바다사자와 물개들이 서식하고 있다고 한다. 한나절의 관광이 순식간에 지나가는 즐거운 여정이었다.
>
> – 홍성필의 〈남미를 가다〉에서

글에 녹아 있는 풍광이 사진으로 뒷받침 되어 한눈에 들어온다. 촛대가 그려진 모래사막의 그림은 돌에 박힌 화석처럼 은은하게 그 형체를 드러낸다. 또 새들이 모여 앉아 있는 섬은 짧은 머리털이 난 사내아이의 머리통이다. 무인도의 바위에 시커멓게 붙어 있는 새들의 모습. 어쩌다 하늘을 나는 것도 있지만, 대부분 바위에 앉아 있는 꼴이 돌에 붙은 이끼 같기도 하고, 여 위에 툭툭 삐져나온 돌순 같기도 하다. 간혹 내 눈에는 거북선의 철갑 위에 붙은 창칼같이도 느껴진다. 정말 새들이 장관을 이루고 있다.

특이한 모습을 한 펠리컨. 등은 검어도 배는 역시 희다. 몸뚱이는 분명 새인데 주둥이는 여느 새와 다르다. 꽁치나 고등어의 등이 부리에 붙어 있는 것으로 착각을 일으킨다. 그 부리엔 빨간 줄이 그어져 있어 주둥이가 더욱 크고 이채롭게 보인다. 저 무거운 입을 끌어안고 망망대해를 날았을 펠리컨의 운명도 그리 만만치만은 않았을 것이다. 끝없는 지평선 위를 날기 위해 배의 흰 털이 드러나도록 날갯짓을 했을 그들의 삶이 힘들어 지상에 내려와 쉬고 있는 것은 아닐까.

카페에서 나와 창가로 간다. 아직도 정원에는 새들이 놀고 있다. 몇 마리가 함께 어울리기도 하고, 긴 전깃줄에 줄지어 앉아서 내 방 안을 들여다보기도 한다. 문득 새들이 이곳으로 관광 나온 것일 수도 있다는 생각이 뇌리에 스친다. 인간 위주의 사고로 사람만이 여행을 다니고, 온갖 행복을 누린다고 판단하고 있지만 그렇지 않을 수도 있다는 생각이 이 아침 나를 신선하게 일으켜 세운다.

경제적 투자를 하며 사람들이 시간을 내어 먼 곳까지 여행을 하듯, 어쩜 새들도 우리들처럼 인간세상으로 관광 나온 것일 수도 있다. 그들도 인간들처럼 여럿이서 어울릴 때도 있고, 더러는 혼자일 때도 있을 것이다. 사람들이 새들의 삶터를 둘러보고 감탄하듯, 그들도 인간들의 사는 모습을 구경하며 '저게 뭐야? 희한한 것이 다 있네. 저 꼴불견들 좀 봐.' 할지 누가 알랴. 그들 딴엔 사진도 찍고 메모도 하면서. 아까부터 떠들어댄 그들의 대화 속엔 엉터리 같은 내 모습이 송두리째 그려졌겠지.

그래도 내 집이 저들의 관광지였다니 민망하면서도 기쁘다. 관광은 볼거리를 찾아 하는 것인데, 보여줄 것도 없고 자랑할 만한 삶도 아니니까. 이젠 준비 좀 해 두어야겠다. 그것만이 긴 여정을 소화하고 찾아온 새들에게 내가 할 도리다. 그들도 사진으로 내 사는 모습을 담아가서, 남미를 다녀온 친구처럼 오래오래 추억담을 늘어놓을 수 있도록 해야겠다. 처마 밑에 달아놓은 옥수수 알을 따서 바윗돌 위에 놓아주는 호객행위보다 내 자신을 먼저 되돌아봐야겠다.

웅熊의 낙원樂園

도대체 '낙원樂園'의 의미는 무엇일까. 나는 그곳에서 쫓기듯 빠져나오면서 풀지 못한 문제로 진땀을 흘리고 있었다. 아무리 생각해도 내가 얻은 답은 이곳에서는 오답일 성싶다.

이번 여행의 주목적지는 백두산이어서 영산을 만난다는 설렘으로 이곳에 왔는데, 느닷없이 가이드는 우리를 곰 사육장에 부려 놓았다. 입구에서 우리를 맞은 문구는 '웅熊의 낙원樂園'이었다. 이 문구는 사육장 규모에 어울리게 걸어 놓은 큼지막한 간판 안에 앉아 있었다. 실제보다 클 성싶은 곰이 이 문구에 등허리를 기대고 서서 우리를 부르고 있었다.

천여 마리에 달하는 곰을 사육하고 있다는 설명까지는 좋았다. 그리고 웅담을 판매한다는 데까지도 그리 마음에 걸리지 않았다. 인간이 곰을 사육할 때는 분명 목적이 있을 터였기 때문이다. 구경거리로 하여 관광사업에 활용하고, 죽게 되면 웅담을 채취해서 판매할 것이라는 나의 지극히 정상적인 짐작은 혼쭐이 나고 말았다. 정말 이게 인간이라면 인간이고 싶지 않았다.

우리를 안내한 조선족 가이드는 넓은 공간에서 유유히 노닐고 있거나 시멘트 바닥에 누워 있는 곰들을 순례하며 구경시켰다. 정말 낙원이었다. 늘어지게 낮잠만 자고 있어도 먹여 주니 가히 곰의 낙원이 아닌가. 안전사고를 방지하기 위해 시설해 놓은 담 저쪽의 녀석들을 바라보며 중국인들의 웅장한 스케일에 고개를 끄덕였다. 그런 대로 신기한 구경거리라며 한 바퀴 둘러보았다.

그 다음, 웅담 채취하는 현장이라며 우리를 끌고 들어간 공간. 그곳은 철봉으로 곰과 인간을 확연히 갈라놓고 있었다. 조금 전에 본 사육장은 격리시켰다고는 하나 가두었다는 생각은 별로 들지 않았다. 그러나 이곳은 극명하게 인간과 곰을 격리시켜 그들을 가두어 놓았다. 철창 안에 갇혀 있는 것은 곰들뿐이었다. 인간들은 그들 위에 군림하며 히죽거리고 있었다. 아니 노략질을 자행했다. 곰의 낙원 안에서.

이곳에서 판매되고 있는 웅담이 가짜가 아니고 진짜라는 것을 보여주고 싶은 심사였으리라. 마치 차량 정비소의 시설처럼 땅 밑으로 통로를 만들고, 그 위에 있는 곰이 옴짝도 못하게 만든 시설. 그것은 그들이 산 곰의 몸에서 담액을 갈취하는 시설이었다. 꿀을 좋아하는 곰에게 꿀물 한 바가지를 주고 그 밑의 통로로 들어가 배에 꽂아놓은 호스를 통해 담액을 채취한다. 곰들은 배에다가 호스를 꽂고 한 주일에 한번씩 인간에게 쓸개즙을 제공해야 하는 생명체였던 것이다.

느닷없이 로마의 콜로세움을 떠올린 것은 웬일일까. 제 눈의 즐거움을 위해서는 못할 짓이 없었던 고대 로마인들이나 제 몸의 건강을 위해서 살아 있는 곰의 담액을 채취하는 중국인들이나 모두 이기에 찬 인간들의 부끄러운 모습이다. 아무리 도둑질을 해도 도도盜道가 있는 것이고, 사기를 쳐도 사도詐道가 있는 법이라 했는데, 사악하기가 이를 데 없다.

제 몸의 일부를 남을 위해 보시하는 일은 거룩한 일이다. 그러나 그것은 어디까지나 본인의 의사에 의해 이루어져야 거룩하다. 제공자가 전혀 생각지도 않는 것을 받을 자가 빼앗아 간다면 그것은 노략질이다. 아무리 욕심이 나도 생명이 다한 후에 얻어가려는 양심 정도는 있어야 한다. 살아 있는 생명체에서 본인도 모르게 약탈해가는 것은 정말 있을 수 없는 일이다.

이러한 엄청난 범죄는 인간만이 자행하고 있다. 동물들의 세상에서 약육강식은 어쩔 수 없는 현상이라 하지만, 신체의 일부를 떼어내는 것과는 다르다. 가축을 기릅네 하며 살진 허벅지 살을 베어내는 것과 무엇이 다르겠는가.

다른 사람에게 피해가 가든 말든 제 하고 싶은 대로 하다가는 죽음을 맞게 된다는 사실을 기억해야 한다. 마치 쾌락원칙의 끝에는 죽음이 기다리고 있는 이치와 같다. 수요는 적은데 제 욕심에서 정당한 가격을 치르지 않고 임의로 취했다면 그것은 범죄행위다. 백화점에서 다이아반지를 훔치는 행위가 바로 그렇다. 또 육신의 사랑은 자웅의 뜻이 일치해야 한다. 일방이 같은 생각이려니 믿었다가 아니면 중단하는 짐승들의 세계를 보아도 쉽게 알 수 있다.

제 몸을 다른 이에게 제공한다는 것은 쉬운 일이 아니다. 죽은 후에도 쉽지 않지만, 살아 있으면서 제공한다는 것은 더욱 어렵다. 그래서 거룩한 것이다. 이와 같은 육신의 보시는 반드시 제공자의 의사에 따라 이루어져야 한다.

영산 백두산을 바라본 기억보다 '웅熊의 낙원樂園'에서 받은 쇼크가 더 큼은 어쩔 수 없다. 저렇게 엄청난 범죄를 저지르면서도 죄의식 하나 없이 '낙원'이라는 수식어를 붙일 수 있는 것은 인간만이 할 수 있는 일이라는 것이 왜 오늘은 그렇게 부끄러운지 모르겠다.

그리기 연습

이번 학기에는 학생들에게 한자漢字도 가르치게 되었다. 시간이 모자랄 때는 과제물만 부과하고 수업시간에는 다루지 못했는데, 학과에서 특별히 요구가 있어서 시간을 쪼개어 다루기로 했다.

그런데 학생들이 한자를 쓰지 않고 그리고 있었다. 글씨는 분명 쓰는 거다. 상형문자라 그럴까? 한 번 바라보고 한 획을 그리고, 다시 쳐다보고 또 한 획을 그린다. 글자가 이지러지고 모양새도 꼴불견이다. 너덧 자를 붙여서 그리다보면 앞뒤 글자의 방傍과 변邊이 뭉쳐지기도 하고, 떨어지기도 하여 글자수가 늘어나는가 하면 줄기도 한다.

바라보는 데는 순서가 없으니, 먼저 눈에 들어온 부분부터 그려나간다. 맨 먼저 머리를 쓰고, 마지막으로 발을 써야 한다는 것도 그들에게는 알 바 아니다. 그냥 눈에 들어오는 대로 그리다보니 발에서 시작하여 머리로도 올라간다. 당연히 필순이 엉망이다.

글자를 그려야 한다는 데에 몰두할 뿐이지, 그 글자의 의미에 대해서는 전혀 신경 쓰지 않는다. 과제로 적을 때는 얼마나 많이 그렸느냐가 관심의 대상일 뿐이다. 그래서 다 그리고 나서도 머리 속에 남는 글자는 하나도 없다.

가르치는 입장에서는 큰 문제가 아닐 수 없다. 더디고 늦더라도 한 글자씩 의미를 설명하기로 한다. 그래야 학생들의 머릿속에 남는 것이 있을 테니까. 학생들에게 흥미를 주기 위해 기억에 남을 글자부터 챙긴다.

삶의 보금자리인 집에서부터 출발한다. '家(집 가)'자를 설명한다. '宀(집 면)' 밑에 '豕(돼지 시)'이다. 학생들의 관심을 끌어내기 위해 이 글자에 왜 '豕'가 들어가는가를 묻는다. 답이 없다. 차분히 설명해가자 학생들의 관심이 모아지기 시작한다. 용기를 얻는다.

"중국 남쪽지방에는 뱀이 많았어. 나무 위에 집을 지어도 뱀이 나무를 타고 올라오는 거야. 그래서 뱀의 천적인 돼지의 집을 짓고, 그 위에 사람이 집을 짓고 살았거든."

학생들이 감탄하는 소리가 들린다. 점차 흥미를 느끼고 있음이 눈에 들어온다. 한 발 더 나가본다. '舍, 屋'은 모두 집을 의미하는 말인데 어떻게 다른지 묻는다. 역시 아무도 답이 없다. 물론 모르려니 하고 물은 것이니 답이 없는 것은 당연하다.

"'舍(집 사)'는 작은 집이고, '屋(집 옥)'은 큰 집이야. 근데 옛사람들은 얼마나 슬기로웠는지 몰라. 마치 환경문제를 예측한 것 같아. 작은 집은 '人(사람 인)' 밑에 '吉(길할 길)'이니, 작은 집에 살면 사람이 길하고, 큰 집은 '尸(시체 시)' 밑에 '至(이를 지)'이니, 큰 집에 살면 시체에 이르게 된다고 글자를 만들었어."

옛사람들이 슬기로웠다고 말하는 나를 그들은 의심 없이 동조했다. 그리고 나의 수업을 신뢰하고 있음이 분명했다. 거기다가 학생들이 제출한 과제물을 꼼꼼히 점검한다. 한 자 한 자 살펴보며 획을 빠뜨린 것, 틀린 것을 표시하여 그 장을 접어서 돌려준다. 한 학생의 과제물 검사에 시간이 제법 소비된다. 많이 걸리는 것은 삼사십 분의 시간을 앗아가기도 한다. 많이 지적한 것은 과제물의 두께가 제출할 때보다 두 배가 넘는 것도 있다. 하지만 이러한 작업은 학생들에게 신뢰를 얻어 점차 학습에 흥미를 얻게 해 주었다.

이제는 학생들에게 '글씨는 그리는 것이 아니라, 쓰는 거야.' 하고 농을 하지 않아도 된다. 그들 스스로 쓰고 있기 때문이다.

한번은 고향의 시민 체육대회에 가서 옛 친구들을 만난 적이 있다. 오십 년이 지나서 만난 초등학교 시절 친구는 전혀 알 수가 없었다. 주변머리만 남은 친구나 백발인 친구나 알아보기 어려운 것은 매일반이었다. 자신의 이름을 댔는데도 알아보지 못하는 내게 친구는 연꽃 씨를 한 봉지 사서 반을 덜어 준다. 다음에 점검하러 내 집에 오겠다는 것이다.

집에 와서 친구가 알려준 대로 연꽃 씨의 밑동을 잘라내고 심었다. 그러나 그 씨는 싹이 나오지 않았다. 친구의 마음을 오래 간직하기 위해 싹을 틔워 잘 기르겠다는 나의 각오는 무너지고 말았다. 다시 씨를 구했다. 씨앗을 판 사람은 내 이야기를 듣더니, 자세하게 알려준다.

"밑에 뾰족하게 튀어나온 부분을 잘라야 싹이 나와요."

친구가 준 씨앗을 반대쪽을 잘랐으니 싹이 거꾸로 틀 리 만무했다. 정확한 이치를 알고 씨앗을 심어야 싹이 제대로 튼다는 사실을 비로소 알았다.

그러고 보니, 나는 살아오면서 무지하여 일을 그르친 경우가 허다한 것 같다. 정확하게 알지 못하고 두루뭉술하게 알고 있는 지식으로 일을 그르친 경우도 있다. 학생들에게 새로운 지식을 가르치면서 보다 더 확신을 주지 못한 것이 아쉽다. 얄팍한 지식으로 화초를 기르려다가 죽인 식물도 꽤나 되는 것 같다. 나 역시 학생들처럼 글씨를 쓰지 못하고, 그리고 있었던 것은 아닐까. 이 나의 그리기 연습은 언제나 끝이 날까.

정확한 이치를 터득하지 못하고 삶에 대처하여 일을 그르침으로써 주위 사람들에게 부담을 준 경우도 제법 되는 것 같다. 이제는 깊이 있고, 확신이 있는 삶을 꾸리기 위해 좀 더 치밀한 탐구와 노력이 있어야 할 것 같다. 이러한 것을 진즉에 터득했어야 했는데, 사람이 미혹하여 이제야 깨달으니 참으로 나는 우매한 사람이다.

우리의 11월은

11월이다. 봄의 꿈도 지나고, 여름의 풍성함도 지나고, 가을의 조락도 지났지만, 아직 11월은 할 일이 남아 있는 달이다. 흔히들 연말을 내다보며 한 해가 다 갔다고 넋두리할지 모르나 분명 두 달이나 남아 있다. 한 해의 육분의 일에 해당하는 천 사백여 시간을 지는 해만 바라보며 안쓰러워할 일은 결코 아니다.

11월은 아직 할 일이 남아 있는 달이다. 찬바람이 옷깃을 파고들고 온 천지에 낙엽이 구른다 해도, 눈물만 지으며 11월을 보낼 일은 아니다. 막다른 가지 끝에 매달려서도 마지막 볕을 모으며 새의 먹이가 되길 기다리는 홍시처럼 끝까지 살아보는 거다. 볕이 필요하면 마지막 옷까지 벗어던지고 치열하게 살아가는 나무들의 슬기를 보라. 그들은 내년의 건강을 위해 그 벗어버린 옷을 흙속에 묻고, 신이 내려준 볕을 모으기에 혼신을 다하고 있다.

11월은 할 일이 많이 남아 있는 달이다. 다가올 봄을 기다리며 꿈을 놓지 않는 나무들처럼 우리도 11월에는 희망을 가지고 남은 것들을 챙길 일이다. 찾아올 봄을 위해 새눈을 틔우고 찬바람 속에서도 얼지 않게 감싸는 나무들의 적극적인 삶을 눈여겨보라. 그들의 저 몸부림이 우리의 눈을 황홀하게 만들지 않는가.

11월은 아직 할 일이 남아 있는 달이다. 조락의 끝에 졸고 있는 당신의 육신을 두드려 깨워 산에 올라 보라. 비록 옷가지를 벗어던진 알몸이라 해도 그들은 결코 추잡하지 않고, 깨끗하다. 알몸만 되면 퇴폐한 인간과는 다르게 경건하다. 그들의 알몸은 최선의 삶이기 때문에 그렇다. 내 것을 내려 남에게 나누어주고, 심심해하는 바람에도 몸을 맡기며, 그들이 인도하는 곳으로 가면서도 최후의 순간까지 최선을 다하기에 나뭇잎은 언제나 경건하다. 이와 같이 짧은 시간 탓하지 말고, 오늘에 충실하며 최선을 다하여 남은 일을 해야 하는 달이 11월이다.

11월은 아직 할 일이 남아 있는 달이다. 농부의 땀이 구르던 들판에 나가 보라. 곡식을 모두 거둬들여 허허롭기만 한 들판으로 보일지 모른다. 그러나 그 삶터에서도 치열한 삶은 계속된다. 우렁이는 진흙 이불을 덮고 겨울나기에 들어갔다. 농부가 흘려버린 벼이삭을 줍기에 여념이 없는 들쥐도 있다. 그들은 비록 작은 먹이라 해도 주워서 곡간을 채운다. 겨울이 눈앞에 와 있어도 봄에 태어날 아이가 있기에 그들은 오늘도 분주하다. 그들은 남들이 흘려버려 하찮아 보이는 것들을 주워서 작은 사랑을 키운다. 흙을 만져 보라. 얼마나 부드러운가. 벌써 흙들은 내년에 찾아올 작물을 맞을 준비에 들어갔다. 다시 찾아올 손님을 위해 땅을 얼리고 녹이며 최선을 하고 있는 것이다. 우리도 이 11월이 다 가기 전에 미래를 위해 삶을 일구는 일을 해야 한다.

11월은 아직 할 일이 남아 있는 달이다. 벌써 11월의 바다는 수면을 파랗게 닦아 놓았다. 끝없이 새로운 손님이 찾아와 둥지를 틀 것이기 때문이다. 한여름 따뜻한 물살을 즐기던 여름 어종이 멀리 유랑을 떠난 바다에서는 다시 찾아온 겨울 어종이 둥지 틀기에 하루해가 짧다. 여름내 혼탁해진 물을 정화하고 다시 새로운 꿈을 향해 매진하고 있는 바다. 그 바다 앞에 서면 나태한 인간의 삶이 부끄럽지 않는가. 찬 물살을 가르며 항해를 계속하는 물고기의 치열한 몸짓을 오늘은 가슴에 담을 일이다.

한해를 열두 달로 가른 것은 인간의 편리를 위해 만든 매듭에 불과하다. 그 열한 번째 매듭 앞에서 왜 우리 인간은 그토록 나약한 노예가 되어 있는가. 그럴 필요는 없다. 그냥 무한히 연속되는 세월 속에 남아 있는 일을 계속하면 되는 것이다. 그것만이 내년 봄에 신이 내려주는 선물을 받을 우리의 자세이다.

11월은 더 사랑해야 할 일이 남아 있는 달이다. 찬바람이 불면 모두 옷깃을 여미고 추위에 몸을 웅크린다. 이때에 더욱 필요한 것이 사랑이다. 추위에 오소소 떠는 여인의 어깨를 보고 그대로 지나치는 사람은 멋없는 사람이다. 그 가냘프게 흔들리는 어깨를 힘껏 잡아주는 사랑이 있어야 진정 사람이다. 여인의 어깨만이 아니다. 찬바람이 부는 11월에는 가난에, 질병에, 고통에 시달리는 사람들이 한층 더 추운 시기다. 그동안 온화한 기후에 싸여 잘 버틴 그들도 추위 앞에서는 더 이상 버티지 못하고 우리의 주위로 쏟아져 나와 떨고 있다. 그들의 떠는 어깨를 감싸주어야 하는 달이 11월이다. 언 손을 녹여주고, 힘든 손을 잡아주는 사랑의 손길이 더욱 필요한 달, 그게 11월이다.

찬바람이 불면 그것은 나에게만 오는 것이 아니다. 당신처럼 두꺼운 옷을 입은 자에게도 오지만, 깁[紗]으로 상처 난 몸을 두르고 추위와 가난에 떨고 있는 이들의 가슴으로도 무섭게 달려온다. 그들의 해진 가슴을 가려줄 당신의 손길이 유독 필요한 달이 11월이다. 당신의 사랑이 산골마을에 내리는 저녁연기처럼 포근히 주위를 안아주어야 할 때가 바로 지금이다.

정말 11월은 할 일이 많이 남아 있는 달이다.

그들의 삶터

얼마만의 찾아옴인가. 내가 어린시절 뛰어놀던 이곳에 찾아온 것이. 그러나 바쁜 일상 속에 묻혀버린 지난 세월처럼 어린 날의 추억은 잡풀 속에 가리어 찾을 길이 없다.

저만치 살포 들고 가시던 아버지의 뒷모습은커녕 다니시던 논두렁도 제대로 분간이 가지 않는 들판에 서서 상념에 젖는다. 그토록 아버지가 젊음을 바쳐서 일구시던 전답이 지금은 황폐하여 잡풀들의 터전이 되어 버렸다. 주전자 들고 심부름 가던 집 앞 길도 잡풀 속에서 옛 모습을 끄집어내려 하나 희미하게 윤곽만 보일 뿐이다. 찾을 길 없는 지난 세월의 흔적을 조금씩 추억하면서 둘러보나 고향 마을은 이미 내 고향이 아니고 아쉬운 갈증만 더해 준다.

모를 내는 날이나 아시매기 하는 날은 전날 새벽부터 부산했다. 전답이 많았던 우리 집은 하루에 모인 일꾼이 마흔을 헤아렸다. 어머니는 하루 전부터 광으로 들어가 천장에 매달린 박 바가지들을 내리셨고, 나는 그것을 받아 덜거덕거리는 소리를 끌고 밖으로 나왔다. 그 소리는 한 해 동안 먼지를 뒤집어쓰고 참아낸 탓에 메말라 있었다. 그 많은 일꾼들의 밥과 국을 담는 데는 바가지가 제격이었다.

일을 하는 날은 일꾼들만 오는 것이 아니다. 그들의 가솔까지도 때가 되면 논두렁으로 모였다. 논두렁에서는 마치 잔치라도 벌인 듯하였다. 동네 사람들이 거의 다 모인 것처럼 바가지를 든 사람들이 많았다. 어머니는 동네 사람들에게 밥과 국을 듬뿍 담아주고는 마지막에 내게 밥을 퍼 주시며 휴-하고 허리를 펴셨다.

벼 베기를 하는 날도 매한가지였다. 어른들이 누렇게 익은 벼를 벨 때면 우리들은 빈병을 들고 논두렁으로 나갔다. 여기저기에서 뛰는 메뚜기를 잡아 병에 담았다. 계속 잡아도 끝없이 뛰는 메뚜기를 잡다보면 더러 방아깨비가 저만치 날아가기도 하였다. 그놈을 잡아 뒷다리를 쥐면 방아를 찧듯 몸을 끄덕였다. 영락없는 디딜방아였다.

논에서 일하시며 쏟아놓는 어른들의 이야기는 가끔 큰 웃음을 일으켰다. 그때마다 우리들은 메뚜기 잡는 일을 멈추고 바라보게 되었는데, 메뚜기 속에 나타난 방아깨비처럼 색다른 이야기인 것 같았다. 재미있는 이야기임에는 분명했다. 허리를 펴고 어른들은 한바탕 웃고는 방아나 찧듯 다시 허리를 접었다.

가을걷이하여 볏단을 논두렁에 줄 세워 놓으면 시골 들판은 한 없이 을씨년스럽다. 물이 잦아든 논바닥에는 여기저기 홈이 보이고, 그 구멍으로 손가락을 밀어넣으면 우렁이 손끝에 달려 나왔다. 숲정이에서 솔잎을 긁어다가 모닥불을 피우고 구워먹는 우렁이는 허기진 배를 달랬다. 불 속에서 꺼낸 우렁이는 무척 뜨거웠다. 호호 불며 까다가 견디기 어려우면 아린 손을 바지에 썩썩 문질렀다. 여기저기 묻어 있는 껌정으로 어머니의 심기를 건드려 쫓겨난 것이 한두 번이 아니었다.

학교에서 돌아온 우리들은 바가지를 들고 황량한 논배미를 뒤지는 일이 많았다. 우렁이를 잡기 위해서도 그랬지만, 추수하면서 흘린 이삭을 줍지 않으면 아니 되었다. 매년 가을이면 이삭을 주워 학교로 가져가야 했다. 그것을 모아 교실 앞 벽에다 스피커를 달았다. 벽에 달린 스피커에서 왕왕 소리가 나올 때면 신기하기도 했고, 우리가 주운 이삭으로 이런 시설을 했다는데 한편으로는 흐뭇하기도 했다.

타작하는 날 저녁 무렵이면 동네 안이 연기에 묻히게 된다. 타작한 집에서 벼 꺼럭을 모아서 불을 놓기 때문이다. 그때 피어오르는 연기는 꺼럭처럼 우리의 피부를 찔렀다. 그러나 한 해의 수확을 말질한 아버지는 흐뭇한 표정으로 막걸리를 들이키셨다. 한 해 동안 쉼 없이 논두렁을 오간 결과로 얻은 풍요이니 그러실 만도 했다.

논인지 밭인지도 분간되지 않는 옛집 앞에 서서 상념에 젖는다. 마음은 정취 어린 옛 고향마을에 와 있는데, 몸은 변해버린 마을에 와서 절망하고 있다. 볏가리가 쌓여 있을 논두렁도 없고, 아버지가 살포 들고 다니시던 소로도 없어졌다. 아니 그 옛날 동네 어른들이 애지중지 돌보시던 전답이 모두 주인을 잃은 채 잡풀에 허덕이고 있다. 그들이 흘린 땀의 흔적들은 풀숲에 묻혀 도저히 찾을 길이 없다. 황폐함, 바로 그것만이 눈앞에서 나의 기를 꺾고 있다.

긴 갈대 잎이 바람에 흔들리고, 그 사이로 잡풀들이 뒤엉키어 제 둥지를 지키고 있다. 지난날의 기억을 찾기 위해 풀숲을 들여다보려 하나 그것마저 그들은 허락하지 않는다. 접근도 못하게 하며 제 삶터를 지키고 있다. 나는 분명 옛 전답이 황폐해졌다고 생각하고 있는데, 그들은 자기네 삶터를 되찾았다고 말하고 있는 듯이 보였다.

'황폐'라는 단어로 꽉 차 있던 머릿속으로 느닷없이 '즐거운 삶터'라는 말이 비집고 들어온다. 이곳은 원래 잡풀들의 삶터였지, 우리의 삶터는 아니었다. 그들의 즐거운 삶터를 우리가 앗아 집을 짓고, 농토를 만들고 행복을 누려온 것이 아닌가. 이곳에 와서 지난날의 추억을 되찾고자 했던 나는 얼마나 가소로운 존재인가. 무리지어 살고 있는 그들의 소굴에 혼자 나타나서 '황폐' 운운 했으니, 그들의 눈에 비친 나는 꼴불견이었을 것이 뻔하다. 남의 삶터를 빼앗아 지금껏 누리고 살고도 그게 영원히 제 것으로 인식해 온 것이 아닌가.

그들의 눈에는 고향마을에서 되돌아 나오는 나의 모습이 측은하기 이를 데 없었을 것 같다. 서산으로 지는 해를 등지고 내 그림자를 밟으며 터벅터벅 걸어 나오는 내게 그들은 수없이 뇌까리고 있었다.

"여긴 우리의 삶터야."

4.
수필가들이여, 이젠 발칙하라

무화과 열매를 바라보며 | 당신의 큰 몸짓으로
수필가들이여, 이젠 발칙하라 | 박 대통령, 빅 대통령 | 2014년 여름은
가을의 길목에서 | 그립던 고향은 아니더라
신뢰의 사회를 위하여 | 정치여, 정치인이여

무화과 열매를 바라보며

솔직히 말하면 난 전혀 동의하고 싶지 않았다. 꽃이 피지 않는 나무에서 열매가 맺는다는 것은 있을 수도 없는 일이었다. 무화과의 열매를 내 손에 쥐어주며 '이게 바로 그 과일이야.' 했을 때도 믿지 않았다. 사람들은 나를 바보 취급하며 고집쟁이라고 느물거렸다. 그때 처음 입에 대어본 무화과는 별 맛은 없었다. 흐물흐물한 것이 조금 단맛이 있을 뿐이었다. 별 수 없는 과일이구나 하고 내 의식에서 지우려던 때쯤 나는 집을 짓게 되었다.

전에부터 마련해 둔 땅에 갑자기 집을 짓게 되었다. 이 일은 깊이 생각해 보고 이루어진 일도 아니었다. 전원주택에 살아

보자고 막연히 대지를 하나 마련해 두었고, 어느 날 갑자기 아내의 요구에 집을 짓게 되었다. 순전히 아내 때문에 집을 짓게 되었다고 말하면 아내는, '그래, 뭐 잘못된 거 있슈?' 하며 당당해 한다.

정원을 꾸리는데 무화과나무를 두어 주 심어서 따 먹길 권하는 사람이 있었다. 나는 그 열매에 대해 그리 탐탁치 않아서 들은 체 만 체했다. 별맛도 아닌 것을 심어 정원을 비좁게 할 일은 아니라고 생각했다. 며칠 후 재차 권이 들어왔다. 이번에는 과수에 조예가 깊은 사람의 권이다. 나는 마지못해 그것을 구입했으나 보기 싫은 녀석이나 되듯 정원에 두지 않고 남새밭 끄트머리에 심었다. 세 해가 지나자 열매가 맺혔다. 여름이 되자 다른 집의 무화과는 주먹만하여 따 먹는데 우리 것은 밤톨만 한 것이 가관이었다. 마침 작은 섬을 돌아다니다가 열매가 큰 나무를 하나 구해다 옆에 심었다. 좀 지나면 이것을 키우고 전에 사다 심은 것은 뽑아버릴 심사였다.

가을이 되자 나의 이런 알량한 마음을 무화과나무는 가차없이 내치는 것이었다. 가을볕을 받아 크기 시작한 열매는 며칠 사이 주먹 만하여졌고, 불그스름하게 익은 것은 맛이 설탕덩어리를 뭉쳐 놓은 것 같았다. 정말 기적 같은 일이었다. 전에 맛본 무화과와는 전혀 다른 특유의 단맛을 가지고 있었다.

이렇게 좋은 수종을 탓하였던 것이 미안했다. 작은 섬에서 구해온 것을 얼른 뽑아버리고 거름을 얹어 주었다.

잘 익은 무화과 열매를 반으로 잘라 열어본다. 그 안에 작은 꽃술 같은 것들이 꽉 늘어찼다. 작은 새싹처럼 오밀조밀하게 들어찬 그것은 붉으면서도 자줏빛이었는데, 그 숫자가 어찌나 많은지 감탄이 절로 나왔다. 별스럽지 않은 열매 속에 이와 같은 무서운 열정을 키워놓았다니 믿기지 않았다. 겉으로 꽃을 드러내지 못해 무화과라 할지언정 꽃을 피우고자 하는 열정은 그 누구에 못지않다. 꽃을 피워 벌 나비를 끌어들이는 온갖 과실수들이 제 호화로움을 자랑하지만, 이 무화과의 뜨거운 열정을 반이나 따라갈 수 있을까.

비록 꽃을 피우지 않더라도 개화에 대한 욕망의 열정은 가슴 안에 가득하다. 남들처럼 제 꽃이 대단하다고 자랑하는 바 없이 숨겨서 키워온 열정에 새삼 놀란다. 속에다 그 열정을 끌어안고 있어서 벌 나비도 찾아주지 않지만, 꿋꿋하게 흔들림 없이 제 구실을 다하는 무화과의 모습에 나의 알량했던 마음은 깊은 감동 끝에 고개를 숙이고 만다.

무화과는 늦가을과 이른 봄 두 차례 착과한다. 늦가을의 것은 겨울을 지나 초여름에 수확하고, 봄의 것은 여름 동안 풍성하게 키워 늦가을에 수확한다. 모든 과실수가 열매를 익혀 수확하는 늦가을에는 아무도 모르게 가슴 태우며 잎자루 옆으로 열매를 밀어 올리기 시작한다. 남들이 눈치챌세라, 조용조용 밀어 올린다. 자신의 노고를 다른 이에게 알리지 않고, 잎자루마다 고통의 부스럼 하나씩을 키워 올린다. 이것이 열매라고 떠벌리지도 않으며, 그냥 끌어안고 추운 겨울을 견뎌낸다. 그리하여 여름이 되면 우리의 미각에 성숙한 열매를 제공하는 것이다. 이른 봄에 착과한 것도 매한가지다. 다른 꽃들은 한 해에 한 번 만개하여 제 영혼을 불사르고 말지만, 무화과는 비록 꽃은 피지 않아도 두 번의 열매를 맺게 하는 실리적인 과실수다.

황의순 여사. 내가 그녀를 처음 만난 것은 수필과비평 행사장에서였다. 일년에 두 번 수확하는 무화과 열매처럼 그곳에서는 열매 맺은 새로운 수필가들을 두 차례에 걸쳐 선보였다. 행사 때마다 그 자리에는 그녀가 있었다. 내 꽃이 이렇게 곱다고 자랑하는 법도 없었고, 내가 이렇게 열심히 살았노라고 웅변하는 것도 아닌 채로 말없이 그녀는 수더분하게 그곳에 있었다.

스스로 수필을 쓰는 것도 아니었지만, 수필에 대한 열정은 대단했다. 무화과 열매 속에 가득 찬 알갱이처럼 무수히 많은 수필가들을 보살폈다. 수필을 위해 정진하는 사람들을 안으로 품어서 키워낸 사람. 그녀가 한 일은 드러나지 않지만, 안에 가득 단맛을 끌어안고 있는 무화과 열매처럼 사랑이 가득하다. 비록 지금 이 세상에 없어도 그녀가 심어 놓은 나무들은 실한 열매를 맺고 있으니 얼마나 큰일을 한 것인가.

이 가을 무화과나무에 맺힌 열매를 바라보며 나는 그녀를 추억한다. 그리고 기회가 되면 그녀의 옆에 심심하지 않게 무화과나무 하나 심어주고 싶다.

당신의 큰 몸짓으로

4월 6일. 그날은 비가 몹시 뿌리던 날입니다. 한 주일 동안 가슴을 짓누르던 불안감으로 나는 군산을 향해 달리고 있었습니다. 한 주 전 수필과비평 작가회의 임원회에 다녀온 아내가, 회장님께서 위독하시다는 소식을 전해 줄 때부터 뭔가 모를 불안감에 싸여 있었습니다. 한번 군산으로 찾아뵙겠다던 내 나름의 계획을 실행에 옮기지 못한 죄책이 더 컸는지도 모릅니다. 지난겨울 수비행사에서 신곡문학상 연혁 보고를 하면서 한번 문병 다녀오리라 다짐했던 바를 실행하지 못했기 때문입니다.

대전에서 일을 마치고, 마침 수필을 쓰는 조남숙 선생과 이재숙 선생에게 문병 갈 것을 말하자 쾌히 동행해 주었습니다.

우중의 고속도로 운행을 자처해 준 두 분이 그리 고마울 수가 없다는 생각을 하면서도 내 머릿속은 이내 라대곤 회장님의 생각으로 꽉 차 오기 시작했습니다. 뒷좌석에 홀로 앉아 상념에 젖었습니다.

밖을 내다보니 비는 줄기차게 차창에 부딪치고, 고속도로를 따라 오는 주변의 경관은 내 눈에는 들어오지도 않았습니다. 그냥 뭔지 모를 불안감이 내 곁에 와서 앉아 있을 뿐이었습니다. 한참을 가다보니, 그 불안감은 서서히 물러가고 그 자리를 라대곤 회장님의 추억으로 바뀌기 시작했습니다.

라대곤 회장님. ≪수필과비평≫을 생각하면 우선 떠오르는 분입니다. 행사 때마다 뒤에 저만치 있으셔도 늘 앞에 계셨고, 현장에 아니 계셔도 늘 함께하신 분이었습니다. 언제나 굵은 선으로 매듭을 푸시던 분. 그분이 라대곤 회장님이셨습니다. 그 몸짓에는 언제나 ≪수필과비평≫에 대한 사랑과 수필가들을 향한 애정으로 가득 차 있었습니다.

남들은 재주 있어 여러 잡지에 관여하지만, 나는 무능하여 오로지 한 잡지에 애정을 갖는 것이 측은하였던지 하루는 따로 자리하여 속내를 풀어놓으시던 당신. 감히 누구에게도 꺼낼 수 없었던 속내를 내비치신 후로 우리는 더욱 가까워졌는지도 모릅니다. 그 일 후로 자주 속내를 풀어놓으셨지만, 저는 아무런 구실도 못하고 요 모양이 되어 있었을 뿐입니다.

구실은커녕 문병 한번 제대로 가지 못하였던 것 같습니다. 이제 당신의 위중함에 헐레벌떡 수선을 피우는 제 꼴이 우습기도 합니다. 그리고 제 자신에 붙어 있는 세상의 때가 무거움을 느낍니다. 지금 차창을 두드리는 야멸찬 빗발과는 달리 언제나 너그러움으로 작가들을 끌어안아 주셨던 당신의 모습이 군산에 도착하도록 내 가슴에 다가와 함께했습니다.

군산에 도착하니 비는 더욱 세차게 뿌렸습니다. 그 비는 뒤늦게 나타나는 나를 꾸지람이라도 하듯 방향을 가늠할 수 없이 휘몰아쳤습니다. 가까스로 병원 복도에 도착하니, 유인실 주간과 한경선 편집장이 먼저 와 있다가 우리 일행을 맞았습니다. 어제는 의식이 없어 사람도 못 알아보았는데, 오늘은 좀 우선하여 사람은 알아보신다는 소리를 듣기는 했지만, 병실에 들어서는 순간 이제야 나타난 나를 질타했습니다. 왜냐하면 이 순간이 작별의 시간이 되겠구나 하는 절망의 시간으로 느껴졌던 것입니다.

병상에 누워 나의 출현에 놀라시는 눈치였습니다. 희미하던 눈빛이 한 곳으로 모아지며 동공이 커지고 동요가 일고 있었습니다. 그럴 것입니다. 이제야 나타난 내게 당신은 그 어느 날처럼 가슴에 안고 있는 이야기를 하고 싶으셨을 것입니다.

미동조차 어려운 손으로 당신의 가슴을 움켜쥐는 뜻을 압니다. 뭔가 말하고 싶은데 뜻대로 움직여지지 않는 당신의 육신이 한스러우셨을 것입니다. 그 작은 미동이 제게 마지막으로 보여주신 큰 몸짓이었습니다. 그 몸짓은 글쟁이들에 대한 사랑이었고, 한국문단에 대한 애정이었을 것입니다.

내가 다녀온 후로 한 주일이 지난 월요일 정오에 당신의 부음을 들었습니다. 참으로 어려운 삶을 내려놓으신 것입니다. ≪수필과비평≫ 아니, 한국문단의 앞날을 위해 할 일을 많이 남겨두고 떠나심에 발길이 떨어지지 않으셨으리라 믿습니다.

라대곤 회장님. 이제는 편히 영면하소서. 비록 육신은 떠나셨어도 그 정신은 언제나 ≪수필과비평≫의 뜰을 듬직하게 채울 것입니다. 그동안 이승에서 베푸신 당신의 뜻은 많은 이들의 가슴에 남아 다시 작품으로 현현될 것이고, 또 나비효과가 일어나 문단을 따스하고 밝게 비추리라 믿습니다. 그러니 이제는 모두 내려놓으시고 편히 쉬소서. 귀촉도가 되어 잠 못 들어 하지 마시고, 이제는 더 술이나 즐기시며 편히 쉬소서. 떠나시는 날 그 자리에 함께 하지 못한 옹색함은 다음에 뵈올 때에 들어 주소서.

회장님의 영면을 기원하는 고운 소리가 모여 하늘에 가득합니다. 부디 영면하소서.

수필가들이여, 이젠 발칙하라

이 세상에서 수필가처럼 바보스러운 사람이 또 있을까. 세상 사람들이 자신의 허물을 감추고, 다른 이의 능력을 자신의 것으로 옮겨놓기 위해 발칙한 꾀를 부리고 있는데, 유독 수필가들은 자신의 속마음을 털어놓기 위해 안간힘을 쓰니 말이다. 그들은 오로지 자신의 속내를 드러내는 것만이 최선이라고 우기고 있다. 절대 가식이 있어서도 안 되고, 있었던 일만을 곧이곧대로 말하라고 강요한다.

그러다 보니, 수필가들의 이야기는 재미가 없다. 있었던 이야기를 줄글로 내리적다 보니 빤한 이야기들뿐이다. 좀 이야기를 재밌고, 듣는 이로 하여금 감동하게 하려면 상상도 해야 하고, 이야기에 살도 붙여야 하는데 그러지를 못한다. 우리의 사고는 과거와 현재와 미래를 넘나들며 놀아야 하는데, 유독 수필가들의 세계는 과거와 현재만이 있을 뿐이다. 있었던 이야기만 해야 하니 미래라는 영역을 떼어내야 한다. 굳이 그래야 할까.

그리고 발칙한 꾀를 부리는 사람들은 아리스토텔레스의 장르론에 근거하여 자기들의 발칙한 행동은 의미가 있고, 수필가들의 순진한 작업은 무용한 것처럼 폄훼하고 있다. 자기들이 하는 것은 천상천하유아독존의 길이고, 수필가들의 노력은 일반인들의 심심풀이 놀이 정도로 인식하려 한다.

참으로 안쓰러운 일이다. 한국문인협회에 분명 회원으로 입회까지 시키면서도 그 인식은 바뀌지 않는다. 시인의 수 다음으로 회원이 많으면서도 서자 취급을 받고 있는 우리는 가만히 바라만 보고 있을 것인가. 문협 이사장이라도 차고 나와야 수필이 온당한 대접을 받게 된다면 그런 꿈이라도 꾸어야 하지 않을까. 신문사의 신춘문예에서도 구태의연한 인식 하에 수필이 푸대접을 받고 있어도 누구 하나 환경을 바꾸려는 노력이 없다. 뭔가 우리 수필가들이 일어서야 할 때가 되었다는 생각이다.

이러한 현상의 책임은 누가 져야 할까. 우선 다른 이들에게

서 찾지 말고 수필가에게서 찾아야 할 것은 당연하다. 우리 수필가들이 스스로 노력을 폄훼하게 하는 빌미를 제공했다는 생각은 들지 않는가. 우리가 떳떳한 위치에 와 있다면 저들은 우리를 무시하지 못할 것이다. 우리 스스로 수필을 문학에서 떠나게 하는 실수를 저지르지는 않았는가를 되돌아봐야 한다. 문학적으로 완성된 작품을 생산해야 할 텐데, 생득적 특성에 현혹되어 자신의 경험을 속삭이듯 풀어 놓지는 않았는가. 분명 수필도 문학이라면 현상에 머물지 말고, 본질을 찾는 노력이 필요하다.

물론 다른 장르에 종사하는 사람들 중에도 아직 완성되지 않은 사람이 있을 수 있다. 하지만 그들은 튼튼하게 무장된 기득권이 있다. 그래서 그들의 허물은 겉으로 잘 드러나지 않는다. 우리는 이제 겨우 둥지를 트는 처지이니 더욱 매진해야 제자리를 확보할 수 있음도 간과해서는 안 된다. 수필의 온당한 자리는 우리 스스로 만들고 확보해야 할 일이지 다른 이들이 배려하여 주어질 일이 아니다.

적어도 문인이라면 제 나라말은 제대로 쓸 줄 알아야 한다. 문인입네 하면서도 어법에 맞지 않는 문장을 쓴다면 모국어에 대한 누가 된다. 속단하기는 어려워도 수필가들이 내놓는 문장에는 모순된 문장이 다른 장르 사람들보다 많다는 생각이다. 아직 제대로 된 문장 하나 만들지 못한다면 감히 문인이라고 입에 담지 말아야 한다. 이 이야기는 여러 차례 해도 듣는 사람들이 자신은 열외라는 생각에서 벗어나지 못해 개선되지 않으니 문제다. 한번쯤 수필가들이 자신의 문장 능력을 점검할 필요가 있다.

이제 수필인의 수도 늘었고, 우리의 수고를 펼칠 수 있는 공간인 잡지도 이십여 종이나 된다. 다른 장르보다 훨씬 편리한 활동 공간을 확보하고 있다. 여기에 수필가들의 투철한 작가정신만 가미된다면 한국 수필의 미래는 분명 밝다고 생각한다. 그동안 수필가들의 피나는 노력과 업적에 찬사의 박수를 보내면서, 다시 한 번 다짐하고 싶은 것은 수필이 예술이라는 엄연한 사실이다. 그냥 심심풀이 놀이가 아니라는 점이다. 예술의 고매한 영역에 합류하기 위한 각고의 노력 없이는 누리기 어려운 특권의 자리다.

자랑스럽게 기개를 펴고 영원한 노래를 부르기 위해서는 그만큼 투철한 작가정신이 필요하다. 그 정신 아래 삶의 본질을 찾고, 작가의 정체성을 확보할 때에 한 작가의 존재 의미는 확보되는 것이다. 또 그런 작가의 혼을 표현하는 충실한 언어 능력을 갖추어야 함도 명심할 일이다.

그동안 수필가들의 수고는 지대했다. 온당한 대접을 받을 권리도 있다. 다른 장르에 기죽을 일도 아니다. 이제는 수필가들이여, 기개를 펴고 떳떳하게 나아가자. 이제 글쟁이들이 수필 속에 안주하여 삶의 윤택을 즐겨도 되리라 믿는다.

욕심을 부린다면 수필이 나를 위안해 주기를 기다리지 말고, 수필에 내가 기여할 바가 무엇인지를 헤아리는 수필가들이 많이 나왔으면 하는 바람이다. 우리 모든 수필가들이 내가 있어야 한국수필 문단이 제 길을 갈 수 있다는 긍지감을 갖고, 참여하였으면 한다. 현대를 살아가는 우리 수필가들도 이제는 발칙했으면 좋겠다.

박 대통령, 박 대통령

지난 달 25일 제18대 대통령 취임식이 있었으니, 박근혜정부 출범도 한 주일에 접어든다. 새 정부에 대한 무한한 기대를 안고 출발한 박근혜정부. 그러나 아직 정부조직도 하지 못한 모습을 바라보는 국민의 시선은 불안하기 그지없다. 여기에는 두 가지 시선이 있을 수 있다. 여당의 편에 서서 야당의 발목잡기에 고깝지 않은 시선을 보내는 사람이 있는가 하면, 대통령의 불통에 잣대를 대고 소통을 요구하는 쪽도 있을 것이다.

어하튼 국민된 사람으로서 갖는 불인감은 없을 수 없다. 확실한 것은 국민들은 그 원인보다, 그 이유보다 앞서 정치인들에 대한 불만이 먼저 터진다는 사실이다. 지난 대선에서 경험했듯이 안철수 현상이 가졌던 의미를 벌써 잊고 있는 것 같아 안쓰럽기까지 하다. 누구의 잘잘못보다 당리당략에서 한 발도 빠져나오지 못하는 한국의 정치 현실이 짜증난다는 것이다. 새로운 정부가 태동했는데, 정부 조직도 이루지 못하는 꼴을 국민들은 언제까지 바라보고만 있어야 하는가. 모든 정치인들이 국민 앞에 떳떳한 날이 언제나 오려는지.

모든 정치인들의 진정한 애국에 근거한 반성을 촉구하면서, 웃음을 가진 국민으로서 새 정부 출발을 축하할 수 있기를 기대해 본다. 하루 속히 온전한 박근혜정부의 출발을 소망하면서 소회와 바람 몇 가지를 적고자 한다.

박 대통령. 박 대통령. 방송매체를 통해 들려오는 이 말 앞에 국민들은 혼란에 빠지기 일쑤였다. 우리는 '박 대통령'이란 말에 '박근혜'라는 현 대통령을 떠올리기보다 전 대통령인 그녀의 아버지 '박정희'를 더 떠올리고 있는 것이 사실이다. 우선 박근혜 대통령은 이 사실을 어떻게 인식해야 할까. 어느 부분에서는 아버지의 장점을 받아들이고, 어느 부분에서는 과감히 차별화하여야 할 처지에 놓여 있음이 분명하다. 그 '어느'의 선택이 현명해야만 박근혜정부는 유능한 정부가 되어 힘있게 일을 추진할 수 있을 것이다.

그만큼 아버지 박정희는 한국 역사에 큰 획을 그은 정치인임에는 틀림이 없다. 비록 독재정치를 했네 어쩌네 해도 오늘의 한국이 있도록 경제의 초석을 다진 이는 그다. 국민들이 그의 과오를 덮으면서 애정을 갖는 이유도 여기에 있다. 그래서 한국의 경제를 살린 아버지를 경험한 국민들은 박근혜정부에 거는 기대가 남다르다. 아버지의 장점도 많이 가지고 태어났고, 영부인의 빈자리를 채우며 익힌 정치적 감각도 십분 발휘하여 한국의 미래를 밝게 비춰 달라는 국민적 바람이 있다.

지난 25일 취임식을 모든 국민들은 바라보았다. 그때 박근혜 대통령은 몇 가지 기록을 남겼다고 보도되고 있다. 여성대통령, 부녀 대통령, 국산차를 탄 대통령…… 등등 많은 이야기가 오고간다. 하지만 그동안 대통령 취임식을 바라본 것과 개인적으로 다른 것은 취임식 날 하루에 옷을 다섯 번 갈아입었다는 사실이다. 남성이었다면 아침에 입고 나간 한 벌이면 족한데, 여성이기에 다섯 번 갈아입었다. 옷 갈아입은 것을 트집잡자는 것이 아니다. 박근혜는 여성대통령이라는 엄연한 사실이다.

여성이기에 어머니의 마음으로 국민의 아픈 상처를 보듬어 달라는 주문을 하고 싶다. 취임사에서 밝혔듯이 경제 부흥, 국민 행복, 문화 융성을 추구하더라도 남성들이 할 수 없었던 자애로움으로 국민을 어루만져 달라는 것이다. 국민들은 그동안 일부 정치인들이 자행한 말뿐인 공약이 아니라, 진실로 국민을 사랑하고 아끼는 마음에서 시행되는 정책 수행이 이루어지길 고대하고 있다. 어떤 정책을 수행하든 그 기저에 국민이 있다면 과감한 정치개혁에도 박수를 보낼 각오가 되어 있는 것이 국민이다. 그만큼 국민들은 정치인들의 당리당략에 진저리를 치고 있다.

한국민은 퇴임 후에 국민적 존경을 받는 대통령을 가져보지 못한 불행한 국민이다. 자신들이 가졌던 통치자를 추모하고 기리는 외국의 모습을 바라보면서 쓸쓸히 돌아섰던 국민들에게 자긍심을 안겨주는 대통령이 되어달라고 하소연을 하고 싶다. 대부분 통치자들의 실수는 혈연에 묶이고 재물욕에서 벗어나지 못하는 후진국형이었다. 이제 우리는 더 이상 그런 모습을 봐서는 안 되는 선진국의 대열에 와 있다. 다행이라 할지 몰라도 박근혜 대통령은 독신이기에 다른 사람보다 혈연에 묶이는 경우가 적을 것으로 국민들은 기대한다.

하루 속히 우리의 정치인들이 당리당략에서 벗어나 진정한 애민정신으로 정부조직법도 통과시키고, 온전한 정부조직도 이루어져 힘있게 나아가는 박근혜정부가 되기를 기대한다. 그리하여 산적해 있는 민생문제도 해결하고, 시급한 복지정책, 교육정책, 안전한 사회 구현을 실현할 수 있기를 소망해 본다. 우리도 국민적 추앙을 받는 대통령을 가질 권리가 있는 국민이다.

2014년 여름은

매년 여름은 우리 곁에 찾아오는 것이지만, 금년 여름은 그 어느 때보다 더울 것 같다. 지구의 온난화로 덥혀진 까닭도 있겠으나 그보다 더위를 체감하는 우리의 마음이 그리 넉넉하지 못하고 눅눅하다는 것이다.

모두의 마음이 너무도 가라앉아 있어서 이 순간을 빠져나가기 위한 특단의 조치가 있어야 하지 않을까 싶다. 우리의 모든 것은 4월 16일에 멈춰 있고, 한발도 앞으로 나가지 못하는 현실을 그 누구도 선뜻 나서서 해결하려는 사람이 없으니 걱정이 아닐 수 없다. 이런 때에는 누군가 흐름을 잡아 줄 큰 사람이 있어야 한다. 그런데 우리는 그런 사람을 갖지 못한 불행한 국민인지도 모른다.

세월호 사건이 터진 지 벌써 석 달이 지났다. 그 일로 한 해의 사분의 일을 허송하고도 아직도 마무리하지 못하고 있는 실정이다. 물론 초동대처가 미흡하여 이렇게 엄청난 결과를 초래했음도 인식한다. 또 이 자리에서 이 사건이 주는 교훈을 소홀히 하자는 것도 아니다. 다만 국가의 장래를 생각하여 이 시점에서 진중히 한번 생각해 보자는 것이다.

우리의 이 사태는 정치인들의 책임이 가볍지 않다. 국정을 이끌고 있는 정부의 대처도 너무 느긋했고, 국회도 한결같이 당리당략에서 벗어나지 못하고 있다는 생각을 지울 수가 없다. 해결해야 할 문제는 속히 매듭짓고 국가의 미래를 위해 고민해야 할 텐데, 하나 같이 국민을 위하는 마음이 보이지 않는다. 오로지 이 일에 묶이지 않으려는 몸조심만이 눈에 띄고, 다른 이에게 책임이나 전가하려 눈치나 보고 있다.

정치인들이 이 모양이니, 정치 불신이 생기고, 국민은 긴 수렁으로 빠져들고 만다. 그로 인해 국민 경제는 엉망이 되었고, 어느 것 하나 소신껏 추진되는 것이 없다. 학교에 수학여행을 할 수 있도록 조치를 내려도 어느 누구 하나 소신껏 추진하지 못한다. 자신이 하는 일에 확신이 서지 않고, 굳이 벌여서 구설수에 오를 필요가 없다는 것이리라. 이 분위기를 하루 속히 바꿔야 한다. 그러기 위해서는 정치권에서 이 문제를 확실하게 빨리 매듭짓고 넘어가되 당리당략에서 빠져나와 국민을 사랑하는 마음으로 임하는 자세가 필요하다. 이 사건이 주는 교훈을 깊이 새기고 다시는 이런 사태가 벌어지지 않도록 마무리하고, 국민 삶의 질을 챙기는 것이 정치인의 길이다. 지금까지 입으로만 위한다던 국민을 진정으로 사랑하는 정치인이 되기를 주문하는 까닭이 여기에 있다.

모든 것이 세월호에 묶인 오늘의 우리 현실을 바라보는 국민의 시선도 초점을 잃었다. 깨어나야 한다. 흐릿한 시선에 정신을 넣어 세상을 읽어내야 한다. 세월호 희생자들의 소망이 국가적 공황은 분명 아니다. 다시는 이런 일이 일어나지 않도록 구조적 장치가 마련되어 자신들의 희생이 헛되지 않게 하는 것이고, 이 사건이 국민적 의식에 커다란 변화가 일어나는 계기가 되길 기원할 것이다. 그리하여 무한한 조국 발전의 기틀이 마련되고, 끝없이 발전하는 조국의 모습을 바라보고 싶을 게다. 결코 지금처럼 초점 잃은 국민상이 아닐 것이다.

요즈음 보면 되는 것도 없고, 안 되는 것도 없는 것 같다. 우리는 이렇게 몽롱한 세상을 살고 있다. 이래서는 안 된다. 우리의 삶의 터전에 낀 짙은 안개를 하루 속히 걷어내고 신뢰에 찬 삶터를 만들어야 한다. 어느 사회든 신뢰가 있어야 발전이 있다. 신뢰는 확신에서 온다. 자신이 하는 일에 확신을 가질 수 없다면 무슨 일인들 할 수 있겠는가.

앞으로 이와 같은 사건이 더 이상 일어나지 않도록 전 국민의 도덕 재무장이 필요하다. 침몰하는 세월호의 선원들이 취한 행동에서 우리의 부끄러운 자화상을 보았다. 도덕과 윤리의 추락뿐이었다. 그들의 행동은 인간으로서 도저히 할 수 없는 것이었다. 배에 탄 사람들을 목적지까지 책임지고 데려다줘야 하는 임무를 띠고 있는 선원들이 어찌 그런 행동을 할 수 있었을까. 교육에 몸담고 있는 사람으로서 책임을 느끼지 않을 수 없다. 교육의 부재이다. 오로지 기능인 양성에만 몰두한 나머지 인성교육을 등한시한 우리의 교육을 반성한다. 국가의 먼 미래를 위해서는 사람됨을 가르침이 얼마나 소중한지 절감한다.

이제 여름 휴기철이 다가온다. 이때쯤이면 누구나 조금은 삶을 즐기는 꿈을 꾼다. 그러나 금년 여름은 그렇게 여유롭지 못하다. 경제적 여유도 없고, 정신적 여유도 없다. 그 어느 해보다 더위를 이겨낼 만만한 기쁨이 보이질 않는다.

우리도 삶을 즐길 권리가 있다. 하지만 그 권리를 누리지 못한다. 그만큼 우리는 잘못된 세상에 내던져진 집시에 지나지 않는다. 하루 속히 정치인들의 슬기가 모아지고 세월호 사건이 바람직하게 매듭지어 모든 국민이 즐거운 삶을 추구하였으면 좋겠다. 그리고 이번 사건이 전 국민의 도덕 재무장에 이바지하는 계기가 되기를 소망한다. 이번 여름은 무더위보다도 더 혹독하게 이 문제와 싸워야 할 것 같다.

가을의 길목에서

가을바람이 불기 시작한다. 무덥던 계절도 태풍 '볼라벤' 앞에 꼬리를 사렸다. 하지만 영원히 도주한 것이 아니고, 가을의 길목에 숨어서 가끔 고개를 내민다. 옷깃이 조금 비쳤는데도 지난여름의 상처가 너무 심하여 섬뜩하다. 아침에 걸치고나온 웃옷을 벗어던지고 이마에 맺힌 땀방울을 닦는다. 하지만 어둠이 다가오면 벗었던 웃옷을 다시 찾아 어깨에 걸친다.

그 어느 해보다 일교차가 심하다. 이러한 현상은 우리의 심신에 주의를 요구하고, 더 나아가 새로운 패턴의 생활 습관을 가지라 한다. 마음을 추슬러 담금질해 본다. 하지만 시간은 바쁜 걸음으로 저만치 가고, 우리를 기다려주지 않는다.

이미 가을은 우리 곁에 바싹 다가와 변환을 기다리고 있다. 그 모습이 마치 변장 잘하는 사람처럼 하루가 다르게 새로운 얼굴을 하고 보채고 있다. 어떤 때는 겨울로 가는 모습이 완연하다. 가을이 온 지가 며칠 되지 않았는데, 벌써 찬기를 풍기고 있다. 분명 이번 가을은 짧게 찰나의 순간에 지나갈 것이 분명하다. 이토록 빠른 계절의 변환 앞에 우리는 신속히 대처하지 않으면 안 된다. 한 해 동안 들인 수고를 나의 몫으로 가져오기 위해서는 더욱 부지런해야 한다.

산에 들면 풀벌레의 수선이 보인다. 전에 같았으면 한창 노래나 부르고 있었을 벌레들이 짧은 계절 앞에 서두르는 모습이 눈에 들어온다. 긴 시간의 노래보다는 진하고 짧은 삶을 꾸리는 그들. 나뭇가지 끝에 매달린 열매들도 순간의 볕을 모으기에 바쁘다. 얼마 전 태풍에 꺾인 팔의 상처를 가지고 칭얼댈 생각을 하지 않는다. 벌써 잊고 현실에 충실히 임하고 있다. 발 빠른 다람쥐가 열매를 앗아가도 당연한 일로 받아들이고 남은 것을 위해 최선을 다하는 자연.

이 같이 곁에서 엄청난 수선을 피워도 사태의 심각성을 모르고 사는 나. 나의 일상은 작년과 전혀 다름이 없고, 재작년과도 차이가 없다. 이 무슨 만용인가. 만물의 영장답게 어떠한 상황이 도래해도 대처할 능력이 있다고 자만하지도 않는다.

사실 나는 허약하기 그지없는 존재다. 지난여름에 절감했다. 지구의 온난화로 빚어진 현실 앞에 나는 얼마나 많이 떨었던가. 그러고도 나는 변화된 현실에 대처할 생각을 전혀 하지 않고 있었다. 무딘 감각 탓도 아니다. 막연히 어떻게 되겠지 하는 바람 탓인 것이다. 여하튼 지난여름의 고통도 넘기고 이 자리에 온 것은 요행이다. 나름은 노력도 했겠지만, 이제는 다가올 일에 대해 대비하는 삶도 준비해야 한다.

가을의 길목에 서서 지난 세월의 추억도 되새겨 본다. 여러 차례 상기된 얼굴로 기쁨도 가졌고, 더러는 가슴 아픈 사연으로 상처도 받고 울기도 한 세월이었다. 즐거움과 슬픔을 날줄 씨줄로 엮어 직조한 한 해였지만, 무던히 재수도 좋은 한 해였다. 그토록 무계획 속에서 견뎠는데도 큰 탈 없이 견뎌온 한 해였다.

하지만 이 계절의 순환 앞에 대비하는 삶을 다짐해 본다. 밀려올 것이 분명한 고통 앞에서도 요행만 바라던 삶의 태도는 버려야 한다. 이제는 철저한 준비로 대비하는 계획된 삶을 꾸려야 한다. 그러한 최선의 삶을 꾸린 후에 그 결과는 탓할 일이 아니다. 다만 지난 세월의 실수를 반복하지 않으면 되는 것이다. 현명한 사람은 지난 시간을 스승으로 삼는다. 그 이상 나에게 적합한 스승은 없기 때문이다.

이것이 어찌 계절의 변환 앞에 선 사람에 국한할 일인가.

세상의 모든 일 앞에 선 사람은 다 같을 것이리라. 그렇다. 가장 중요한 것은 자신이 서야 할 자리에 대해 올바로 판단해야 한다는 것이다. 그리고 그 정확한 판단에 적극적으로 대처하고 타개해 나가는 자만이 성공의 기쁨을 맛볼 수 있다. 현실을 무시한 판단과 추진은 엄청난 결과를 초래할 수 있다.

다시 확실한 매듭을 요구하는 계절 앞에 서 있다. 이 시기를 맞아 사람들은 세상을 정확히 바라보았으면 하는 바람도 가져본다. 자신의 눈으로만 세상을 읽지 말고, 다른 사람의 눈으로 세상을 읽는 지혜가 우리들에게 있기를 기원한다. 그렇게만 되면 많은 공감을 얻을 것이요, 그 공감은 커다란 힘이 되어 큰일을 할 수 있게 될 것이다. 나의 아집에서 벗어나 함께 꾸려가는 사회를 만들기 위해 힘을 보태는 슬기가 필요한 때가 바로 지금이다.

인간의 성숙은 자신의 아픔을 자양분으로 했을 때 가장 효과적이다. 그래서 너무 순탄한 진행도 독이 되는 수가 있고, 얼마간은 갈등과 차이가 있을 때 그것을 조화시키면서 더 큰 힘을 얻게 되는 것이다. 인간은 어쩌면 다른 동물들과는 다르게 자신의 아픔을 양식으로 성숙해가는 동물인지도 모른다. 그래서 아픈 기억의 재산이 많은 자는 복 받은 사람이다.

이 가을에 아픈 추억 하나 만들고 싶다.

그립던 고향은 아니더라

재독작가 배정숙 씨의 '고향을 잃어버린 사람들'을 보면, 두 가지를 생각하게 한다. 사십 년 전 간호사와 광부로 파독되어 고국으로 돌아오지 못하는 신세가 된 그들. 이제나저제나 고국으로 돌아갈 꿈에 젖어서 산다. 고국에서는 '독일마을'을 조성해준다 하여 기쁨으로 삶의 터전을 구했으나, 막상 구입한 땅에 찾아와 보니 도저히 집을 지을 수 없는 형편없는 임야이거나, 허가가 나지 않는 땅이라는 것이다.

'독일마을'은 남해에 조성된 이후로 당진, 경주, 양평, 고성, 춘천 등지에서 시도되었으나 이루지 못하였고, 결국 재독 한국인들에게 상처만을 안겨주었다는 것이다. 군에서 나왔네,

시에서 나왔네, 토지주가 직접 나왔네, 하며 현지에 와서 교민을 우롱하더라는 그의 글을 읽으면서 우리가 이리도 못난 민족이었나 하고 되돌아보는 기회가 되었다.

이 경우는 우리 거제시와는 무관한 일이지만, 다음 이야기는 우리도 깊이 새겨봄 직한 이야기다. 사십여 년 동안 가슴에 묻고 살아온 고향땅. 마을소식 전해주던 공동우물, 아까시나무, 탱자나무 울타리, 코스모스 핀 장독대, 썰매 타던 언덕배기, 명절날 윷놀이하던 이장님 댁 앞마당……. 하지만 모두 사라져버리고 거인 같이 우뚝 서 있는 아파트. 여기에 절망한 작가는 어쩔 수 없이 목청을 돋우어 외친다.

—단 한 모퉁이만이라도 남겨두어 그리움으로 아팠던 가슴 안고 고향을 찾아오는 사람들에게 그리도 그리워하던 옛 고향땅의 흔적이라도 보여줄 수 있었다면 좋았을 것을…….

고향에 찾아와도 그립던 고향은 아니더라고 눈물짓는 배정숙 작가의 슬픈 모습이 쉽게 지워지지 않는다. 이는 고향을 찾는 사람들에 대한 배려로 그칠 문제는 아니다. 우리의 뿌리가 무엇인지 알아야 긴 생명력을 얻을 수 있다는 진리를 가슴에 새겨두고자 한다. 우리의 뿌리가 무엇이고, 그 혼이 배인 민족정신이 무엇인지 알아야 영원한 생명을 유지할 수 있다는 것이다. 눈앞의 발전만을 추구하다 보면 삶의 이유조차 상실하게 되는 경우를 초래할 수 있다.

우리는 삶의 흔적을 남기는 데에 얼마나 노력했는가. 이곳에는 조상의 삶 흔적이 얼마나 남아 있는가. 개발도 좋지만, 어느 한구석에는 우리의 삶의 모습을 간직해 두는 배려가 있었으면 하는 마음이다. 오래된 골목길, 쉰내 나는 먹자골목, 어촌의 선술집, 옛집, 어구, 농기구……. 어느 하나 신경 써서 보존하지 않고 있다. 이제는 여유로운 마음을 추슬러 옛것을 중히 여기는 우리의 마음가짐이 절실히 요구되는 때다.

새로운 것은 수시로 나타나고, 그 찬란한 출현 앞에 새로움의 의미는 끝없이 무너져 내릴 것이다. 하지만 옛것은 날이 갈수록 그 수가 줄고 마침내 없어지고 만다. 그래서 남아 있는 것은 무한의 가치를 가지게 된다. 우리의 혼이 배인 옛것을 보존하는 것은 현명하다. 그것은 관광자원이 되기도 하지만, 민족혼을 지키는 일이다.

요즈음 이곳에도 벽화가 제법 그려지고 있다. 대부분 팔경을 그려 넣는다. 우리의 그림보다 더 정확하고 변하지 않을 것은 자연 절경이다. 앞으로 수천 년이 지나도 팔경은 그대로의 모습을 간직하고 있을 것이다. 굳이 이것을 벽화에 담을 일이 있을까. 사라져가는 문화를 그림으로 남기는 것이 더 바람직하지 않을까.

아무리 생각해도 벽화의 소재는 풍경은 아닌 성싶다. 굳이 벽화를 그리려면 풍속화를 그리길 권하고 싶다. 풍속화에 해학이 곁들여지면 훨씬 더 멋스럽다. 이것은 지나가는 길손의 발걸음을 잡는 데 충분한 효과가 있다. 우리의 조상들이 살았던 멋스러운 삶의 모습을 바라보면서 너그러운 심성을 키우는 것도 좋은 일이다.

금산군 진악산 보덕사의 해우소解憂所 앞에는 '多不有時'라는 조그마한 현판이 있다. 이것은 많은 사람들의 발길을 잡는 것으로 회자되고 있다. 'W.C'를 한자漢字로 적은 해학이 많은 사람들에게 보덕사를 기억하게 만들고 있는 것이다. 이와 같이 거리의 벽화를 제작하면서 해학이 곁들인 풍속화를 그린다면 사람들의 가슴에 오래 남는 추억꺼리를 제공할 것이고, 시민들의 심성에 신선한 바람을 일으키는 계기가 될 것이다.

이 아침, 옛 조상이 남긴 문화를 보존하고, 그 정신을 기리는 마음가짐이 문득 그립다. 조상의 얼이 담긴 문화가 전승되어 민족의 정신적 지주가 되기를 소망해 본다. 옛것의 가치를 올바로 인식하고, 조상의 혼이 삶에 흠뻑 배어 있는 민족. 고향에 찾아오니 정말 그립던 고향이더라는 뿌듯함을 느끼는 실

향민. 외국에 나가 살든, 타향에 거주하든 우리의 가슴에 남아 있는 그립던 고향의 가치를 다시금 새길 수 있는 기회가 주어졌으면 하는 바람이다.

신뢰의 사회를 위하여

불신시대라고들 한다. 세상에 믿을 것이 하나도 없다고 말하기를 주저하지 않는다. 가장 가까운 부부 사이도 믿지 못하고, 부모 자식 간에도 믿을 수가 없고, 형제도 믿을 수 없다고 말하는 세상이니, 친구와 이웃을 믿지 못한다는 것을 말해 무엇 하겠는가. 이제는 한 수 더 떠서 자기 자신도 믿지 못하는 세상이 되었다고까지 한다. 자신도 확고한 가치관이 서 있지 않으니 언제 어느 상황에 변질할지 모른다는 이야기다. 참 우리는 어려운 세상을 살고 있다.

거기에 '메르스'라는 질병이 온 나라를 강타하고 나니 더욱 불신은 깊어졌다. 어디까지가 진실이고 어디까지가 거짓인지를 가늠할 수가 없다. 정확한 정보로 신속히 대처해도 모자랄 판에 이를 어지럽히고 혼자서 좋아라하는 사람까지 있는 실정이라 한다. 편리한 폰은 시간 장소 가리지 않고 무수히 많은 정보를 펴 나르니 불신은 더욱 깊어간다. 신뢰할 수 없는 정보일 거라 예측하면서도 불안해하는 심리는 긴가민가하게 된다. 이를 노린 심술쟁이들은 신이 나서 허위정보를 더욱 많이 양산한다. 우리는 오늘 하루도 이 같은 불신의 안개에 싸여 어쩔 수 없이 살아가야 한다.

여기에 한몫한 것은 역시 정치일 것이다. 우리 사회에서 가장 불신의 골이 깊은 직업인은 정치인이 아닐까. 이들이 체신을 지키며 국민을 계도해야 할 텐데 오히려 혼란의 구렁텅이로 국민을 끌어들이는 추악한 꼴이 종종 보인다. 오로지 당리당략에서 생각이 떠나지 않으니 정확한 판단에 도움을 주지 못한다. 선량選良이면 선량답게 국민들 앞에서 모범적으로 행동해야 할 텐데 그도 잊고, 지나치게 정적을 이기려는 의도로 수단 방법을 가리지 않는 막말을 하는 경우도 있다. 가면으로 자신의 얼굴을 가리고, 국민들 앞에서는 시정잡배의 체신으로 막말하기를 주저치 않으니 안타깝게도 불신의 늪에 둥지를 튼 뻐꾸기 꼴이다.

국가 원수에게 하는 말도 막말, 자신이 속해 있는 단체의

장에게도 막말, 직장의 사업주에게도 막말, 부모에게도 막말, 부부지간에도 막말이니 가히 막말천국이다. 여기서 기억해야 할 일은 막말에 돌아오는 답은 역시 막말이고, 불신의 단초를 제공하게 된다는 사실이다. 이러한 악순환은 결국 불신의 영토만을 넓히는 결과만 초래할 것이 뻔하다.

우리, 우리가 살고 있는 이 삶터를 있는 그대로 믿어도 되는 세상으로 한번 만들어 보면 어떨까. 서로 서로 믿고 신뢰하며 화합하는 세상을 꿈꾸면 안 될까. 의심의 눈초리로 이웃을 바라보지 않고, 믿음으로 기쁨을 함께 하는 이웃이라면 우리의 가슴은 따뜻함을 되찾을 수 있을 것이고, 행복은 저절로 우리 앞에 찾아올 것이 분명하다.

그 첫 단초는 자신을 믿는 데에서 찾아야 한다. 내가 나 자신을 신뢰하지 못한다면 다른 이와의 관계에서 빚어지는 온갖 것들은 다 거짓이 되고 만다. 자기를 믿고, 그 토대 위에서 밖으로 뻗어가야 함이다. 나를 믿는다는 것은 아주 사소한 것부터 있는 그대로 믿고, 자신의 삶을 신뢰할 수 있도록 최선을 다하는 것을 의미한다. 이런 분위기에서 서로 신뢰의 길을 찾아 간다면 우리는 분명 목표 지점인 따뜻한 사회에 도달할 수 있을 것이다.

다시 우리에게는 피서철이 다가온다. 어느 곳으로 가면 좋은 추억을 만들까 하고 헤아려야 할 피서객들이 불행하게도 '어느 곳으로 가면 바가지를 쓰지 않을까'만을 생각하는 세상이라면 한참 잘못된 세상이다. 매년 반복되어 온 관광지의 어두운 이미지를 바꾸어 놓을 설박함에 놓여 있다. 이제 오늘 하루를 변통하기 위한 거짓은 더 이상 하지 말았으면 좋겠다. 거짓 하나 없는 순수한 마음으로 전국의 피서객들에게 청정해변을 보여주는 일부터 시작하는 것이 우리에게 요구되는 자세이다.

금년처럼 질병이 출몰하여 어수선한 때에는 피서객들에게 신뢰할 수 있도록 홍보하는 것이 절실하다. 예년처럼 당연히 스쳐지나가는 피서철로만 인식해서는 모자란다. 적극적이고 능동적인 홍보 대처가 꼭 있어야 한다. 이러한 홍보사업은 우리의 관광산업의 미래에도 크게 기여하게 될 것이다.

민낯 관광 홍보는 미래를 내다보는 것도 되지만, 나아가서는 우리의 오늘을 치유하는 방법도 된다. 오로지 불신만이 득실거리는 사회에 청량한 쇼크로 작용하여 신뢰의 사회를 열어가는 시발점이 되었으면 좋겠다. 신뢰 속에서 구성원들의 힘이 하나로 뭉쳐질 때 그 사회는 발전의 속도를 높일 수 있다. 서로 신뢰하지 못하는 사회에서는 꿈도 꾿 수 없는 일이다. 이참에 밝은 사회를 만들어 발전의 원동력으로 삼았으면 하는 마음이다. 불신을 없애고 신뢰의 사회를 만드는 것은 구성원들의 작은 마음에서부터 출발함을 기억하면 가능하다.

정치여, 정치인이여

솔직히 말하면 난 정치에 대해서는 잘 알지도 못하고, 또 끼어들고 싶지도 않다. 그런 내가 '정치여, 정치인이여.'하고 달려드는 것은 바라보기에 너무 딱해서 견딜 수가 없기 때문이다. 쳐다보지 않으려 해도 내 나라의 현실이니 피해갈 수도 없다. 정치인들이 펼쳐놓은 오늘의 현실은 국민의 안주安住를 허용하지 않는다.

말로는 국민을 위한다면서 국민의 혈세만 축낼 뿐 소임은 다하지 않는다. 국민들의 고통이 무엇이고, 그 고통을 덜어주기 위해서는 정치가 어떻게 고민해야 하는지는 전혀 관심 밖의 일이다. 국회에서 하는 그들의 행동은 반세기는 뒤로 물러서 있고, 그 꼴이 너무나 현란하여 외국에 있는 교포들까지 고개를 들지 못할 지경이라 한다.

한번 우리의 정치인들에게 묻고 싶다. '당신들은 아침에 눈을 뜨면 유권자가 보이는가, 국민이 보이는가?' 유권자가 국민임에는 분명하나, 이 두 어휘가 다른 의미로 다가오는 것이 우리의 현실이다. 국민의 아픔은 뒷전이고, 당장 눈앞의 지지표 한 장에만 집착하는 것이 우리 정치인이기에 이 같은 어색한 문법도 통하는지 모른다.

지금 국민들 사이에서는 한번이라도 정치에 가담했던 자는 모두 떠나보내면 어떨까 하는 말이 자주 흘러나온다. 정치인들이 도대체 어떻게 행동했기에 이런 생각까지 하게 됐을까. 얼마나 정치가 국민에게 외면을 당했으면 이 지경에 이르렀을까. 감옥가고, 폭력 쓰는 것은 일제시대를 겪은 세대들에게나 통했던 이력인데, 우리의 정치인들은 아직도 국회에서 난장판이나 벌리고 있다. 도대체 어디까지 갈 것인가.

이렇게 철저하게 국민에게서 외면당하면서도 그 현실을 파악하지 못하고 있으니 안타깝다. 국민들의 외면은 나 이외의 정치인이 아니라 바로 정치인 '나'라는 것을 정확히 알아야 한다. 국민의 외면은 여당과 야당을 아우르는 모든 정치인이다. 그것도 모르고 현실을 자기에게 유리하게 인식하려는 어리석은 정치인들만이 가득한 것이 우리의 정치 현실이다.

한번 짚어보자. 박원순 서울시장의 승리는 무엇을 의미하는가. 하나 된 야당의 승리라고 떠들고 있으나 아니다. 분명 이것은 정치인의 패배이다. 선거과정에서 박원순 후보가 하나의 정당에 입당하지 않은 것은 기존 정치인들을 국민이 외면하고 있다는 사실을 정확히 파악했기에 선택할 수밖에 없었던 외길이었다. 그것을 가지고 야당의 승리라고 한다면 아직도 한국의 국민을 잘 모르고 모독하는 일이다. 이제 국민의 수준이 정치인들의 머리 위에 있음을 인식해야 한다.

이 지경이 되었는데도, 우리의 정치인들은 몽유병 환자처럼 현실을 읽지도 못하고 있다. 만약 읽고도 행동이 이 정도에 머문다면 차라리 국민을 위해서라도 정치에서 떠나야 한다.

요즈음 '안철수 신드롬'이란 신조어가 생겼다. 이것 역시 같은 맥락에서 이해해야 한다. 국민은 안철수라는 인물에 대해 잘 모른다. 그런데도 국민들은 그를 찾는다. 그가 앞으로 정치를 어떻게 할지 전혀 검증되지 않은 상태에서 그를 기다리는 국민은 참으로 위험한 투기이다. 능력을 모르는 상태에서 국민의 앞날을 내맡기는 것은 투기 중의 투기이다. 그런데도 그 투기를 국민들이 선택하려는 것은 기존 정치인들에게 철저하게 절망했기에 빚어지는 현상이다.

국민들은 기존 정치인들을 다시는 정치 현장에서 만나지 않도록 법이라도 만들었으면 좋겠다고 농을 한다. 그래서도 안 되겠지만, 국민이 받은 상처는 이만큼 크고, 쉽게 아물 것 같지도 않다는 것이다. 이 점을 정치인들이 깊이 새겨야 한다.

국민의 생활과 직결되는 법안마저도 당리당략에 매어 국회에 상정조차 하지 못하고 폐기되는 것은 너무도 슬픈 일이다. 더 이상 이 같은 일이 있어서는 안 된다. 한·미 자유무역협정(FTA)의 내용을 가지고 국회 안에서 깊이 토론하는 것은 얼마든지 바라볼 수 있다. 그럴 리야 없겠지만, 만약 이 문제도 앞으로 있을 선거에서 자당에 미칠 영향을 따져 당리당략에 따라 몸싸움을 벌렸다면 그것은 더욱 국민에게 외면당할 처사였음을 알아야 한다.

정치인이여. 국민의 혈세로 이루어진 새해 예산이 국민을 위해 적합하게 사용될 수 있도록 충분한 시간을 두고 검토하는 모습을 보여 달라. 국민도 여야가 머리를 맞대고 고민하는 국회의 모습을 바라볼 권리가 있다. 매년 살바싸움만 하다가 어떤 항목이 있는지조차 모르고 날치기 통과하는 새해예산안에 국민은 진저리치고 있다. 이번만은 절대 그러지 않기를 소망해 본다.

정치여, 정치인이여. 외면한 국민의 관심을 다시 모으기 위해 당신들이 해야 할 일은 현실을 아전인수我田引水로 읽지 말고, 그것에 견강부회牽强附會로 임하지 말라는 것이다. 국민의 질타는 다른 정치인이 아니라 바로 '당신'이다. 국민은 지금 여당도 지지하지 않고, 야당도 지지하지 않으며, 모든 정치인에서 떠났다. 재보선의 결과는 여당의 승리도 아니고, 야당의 승리도 아니며, 기존 정치인 바로 '당신'의 패배라는 점을 명심하기 바란다.

강돈묵 수필집

1500m

인쇄 2016년 1월 4일
발행 2016년 1월 15일

지은이 강돈묵
발행인 서정환
펴낸곳 수필과비평사
주소 서울시 종로구 삼일대로 32길 36(익선동 30-6 운현신화타워 빌딩) 305호
전화 (02) 3675-3885, (063) 275-4000 · 0484
팩스 (063) 274-3131
이메일 sina321@hanmail.net essay321@hanmail.net
출판등록 제300-2013-133호
인쇄 · 제본 신아출판사

ISBN 979-11-5933-013-1 03810
값 13,000원

이 도서의 국립중앙도서관 출판예정도서목록(CIP)은 서지정보유통지원시스템 홈페이지(http://seoji.nl.go.kr)와 국가자료공동목록시스템(http://www.nl.go.kr/kolisnet)에서 이용하실 수 있습니다.(CIP제어번호: CIP2016001377)

Printed in KOREA